# 個性ハッケン！

―50人が語る長所・短所―

監修 田沼茂紀

## 5. いのちを守る

## はじめに

# あなたの個性《こせい》は、心の中にあります

みなさんは、自分の個性《こせい》について、考えたことがありますか。「自分には何の個性《こせい》もない」と卑屈《ひくつ》になったり、「自分の個性《こせい》を発揮《はっき》できる人はいいな」とうらやんだり、だれしも自分の「個性《こせい》」について、考えなやんだことがあるのではないでしょうか。

あなたの個性《こせい》は、ほかの人にどう映《うつ》っているのでしょう。あなたの個《こ》性《せい》は、他人からは見えているのでしょうか。

大丈夫《だいじょうぶ》。個性《こせい》のない人などいません。あなたがあなた自身である限《かぎ》り、個性《こせい》はしっかりとあなたの心の中にあり、それはいつでも輝《かがや》いています。ただ、あなた自身が、その個性《こせい》に気づいているかどうか、それが問題です。

個性《こせい》は、形あるものとちがって、目で確《たし》かめることも、手でつかむことも、ほかの人に自信《じしん》を持って説明《せつめい》することもできません。それでも、個性《こせい》はまちがいなく人それぞれにあります。

大切なことは、それに気づき、大切に育み、大きく開花させようとする心を、自分自身が持っているかどうかです。

明日の未来《みらい》を「かけがえのない尊在《そんざい》」として生きるみなさん、どうぞ、自分の中にある「個《こ》性《せい》」を大切に育ててほしいと願《ねが》っています。

國學院大學教授《こくがくいんだいがくきょうじゅ》
田沼茂紀《たぬましげき》

# この本の見方・使い方

この本では、登場する人物の長所と短所を、仕事や生き方とともに紹介《しょうかい》しています。シリーズ全体で 50 人が、同じテーマについて語っているので、読むことで多様な考え方に触《ふ》れられます。

## 長所・短所

登場する人物がインタビューで語った自分の長所・短所が、ひとめでわかります。

## プロフィール

その人がどんな人物なのか、くわしい紹介《しょうかい》を読んでみましょう。

## 話してハッケン！

インタビューをもとに、キャラクターが自分や友達《ともだち》のことを考える話し合いを展開《てんかい》します。

## 読んでみよう！ 行ってみよう！

登場する人物に関《かん》する本や、場所を紹介《しょうかい》しています。

## みなさんへ

登場する人物から、みなさんへのメッセージです。

## 他人《ひと》から見ると!?

登場する人物が、身近な人からどんな性格《せいかく》だと思われているのか、紹介《しょうかい》しています。

## 性格《せいかく》や特徴《とくちょう》を表す言葉・表現《ひょうげん》！

46 ～ 47 ページは、性格《せいかく》や長所・短所を表す言葉の一覧《いちらん》です。1 ～ 5 巻《かん》に、五《ご》十音順《じゅうおんじゅん》で約《やく》 1000 語を掲載《けいさい》しています。

※46～47ページは、自由にコピーしてお使いいただけます。

# 個性ハッケン！

―― 50人が語る長所・短所 ――

## 5. いのちを守る

## もくじ


### 井《い》桁《げた》容《よう》子《こ》さん
元保育士《ほいくし》
長所 見方を変《か》えて おもしろがれる
短所 うっかり者
➡14ページ

### 植《う》田《えた》育《いく》也《や》さん
小児科医師《しょうにかいし》
長所 強い心を 持っている
短所 人の気持ちが 見えなくなる
➡6ページ

### 阿《あ》萬《ま》野《の》礼《れ》央《お》さん
機動救難士《きどうきゅうなんし》
長所 堅実《けんじつ》、慎重《しんちょう》
短所 心配性《しんぱいしょう》、 人とくらべてしまう
➡18ページ

### 田《た》村《むら》恵《けい》子《こ》さん
看護師《かんごし》
長所 まわりの人に 左右されない
短所 ルール違反《いはん》が 許《ゆる》せなかった
➡10ページ

### 加《か》藤《とう》祐《ゆう》一《いち》さん
ハイパーレスキュー隊員《たいいん》
長所 協調性《きょうちょうせい》、集中力
短所 まわりが 見えなくなる
➡22ページ

## 徳田竜之介《とくだりゅうのすけ》さん

獣医師《じゅういし》

長所　目標《もくひょう》に向かってまっすぐ！

短所　協調性《きょうちょうせい》がない

➡38ページ

## 根本《ねもと》かおるさん

国連職員《こくれんしょくいん》

長所　好奇心《こうきしん》が強い、負けずぎらい

短所　冷《さ》めやすい、あきっぽい

➡26ページ

## 和田博幸《わだひろゆき》さん

樹木医《じゅもくい》

長所　地道にコツコツやる

短所　のんびり屋

➡42ページ

## 井本直歩子《いもとなおこ》さん

ユニセフ職員《しょくいん》

長所　前向き、行動力がある

短所　他人にたよるのが苦手

➡30ページ

## 黒﨑伸子《くろさきのぶこ》さん

国際NGO《こくさいエヌジーオウ》メンバー

長所　やると決めたらやり通す

短所　他人にきびしい

➡34ページ

小児科医師《しょうにかいし》

# 植《うえ》田《た》育《いく》也《や》さん

長所 強い心を持っている

短所 人の気持ちが見えなくなる

# 「挑戦《ちょうせん》することで強い心が育つ」

## 医者の心が負けたら子どもの命は救《すく》えない

わたしの長所は、「強い心」です。医師《いし》をめざし、仕事をする中で、自分がやるべきことから逃《に》げず、言い訳《わけ》せず、精《せい》いっぱいやり続《つづ》けたからこそ、わたしにはそんな長所が備《そな》わったのだと思っています。

わたしが働《はたら》く救急病院《きゅうきゅうびょういん》では、毎日のようにつらいこと、悲しいことと向き合わなくてはなりません。たとえば、親に暴力《ぼうりょく》をふるわれたと思われる子どもが、大ケガをした状態《じょうたい》で病院に運びこまれてきます。つきそいの親の言うことは信用《しんよう》できません。それでも、できるだけ早く、正しく判断《はんだん》して、治療《ちりょう》を始めなければなりません。

また、貧《まず》しい家庭の子が、とてもひどい栄養状態《えいようじょうたい》でやってくることもあります。そういうときは、本当につらい話を聞かなければなりません。

それでも、目の前の子どもの命を救《すく》うには、医師《いし》の心が負けてはいけません。わたしは必《かなら》ず立ち向かいます。そうやって毎日、本気でがんばっている間《あいだ》に、わたしの心は強くなりました。

## 経験《けいけん》の積《つ》み重ねが強い心をつくる

強い心をきたえるには、どうしたらいいか。それは日々《ひび》、いろいろなことを経験《けいけん》することだと思います。やったことのないことにも、積極的《せっきょくてき》に取り組んでみること。正解《せいかい》がわからないことも、自分で考えて行動すること。そんなふうに経験《けいけん》を積《つ》み重ねることが、あなたの心を育てる栄養《えいよう》になるのです。

何かをやろうとするとき、「失敗《しっぱい》したらいやだな」「自分にはできないかもしれないな」と、思ってしまうかもしれません。でも、だからといって「やらないほうがいい」と考えてしまうのは、とてももったいないことです。

### ★プロフィール★

1967年千葉県《ちばけん》生まれ。高校時代、テレビでアフリカの食糧不足《しょくりょうぶそく》により栄養失調《えいようしっちょう》で亡《な》くなる子どもたちを知り、医師《いし》を志《こころざ》す。「1～4歳児《さいじ》の死亡率《しぼうりつ》が高い」という日本の医療《いりょう》の課題《かだい》に目を向け、アメリカの小児救急医療《しょうにきゅうきゅういりょう》※のしくみを日本に導入《どうにゅう》。現在《げんざい》は、埼玉県立《さいたまけんりつ》小児医療《しょうにいりょう》センター救急診療科長《きゅうきゅうしんりょうかちょう》。

小児《しょうに》の救命救急医療《きゅうめいきゅうきゅういりょう》の最前線《さいぜんせん》で活躍《かつやく》する植田《うえた》さん。若《わか》い医師《いし》の指導《しどう》にも力を入れているという。

※小児救急医療《しょうにきゅうきゅういりょう》……事故《じこ》などでケガをしたり、急な病気にかかったりした子どもに対して行う医療《いりょう》。

成功《せいこう》するか失敗《しっぱい》するかは、どっちでもいいのです。せっかく興味《きょうみ》を持ったのなら、まずやってみることが、何より大事なことだと思います。やらなかった人には、何も残《のこ》りませんから。

興味《きょうみ》を持ったらやってみる。やりたいからやる。それでいいと思います。本気で取り組んで身につけた知識《ちしき》や、努力《どりょく》するという習慣《しゅうかん》は、必《かなら》ず人生の糧《かて》になるはずです。

## 未来《みらい》の長所は自分次第で変《か》わる

わたしは子どものころ、「心が強いね」とか「根性《こんじょう》があるね」などと言われたことはありません。わたし自身では、自分は弱虫だと思っていました。つまり、子どものころには思いもよらなかったことが、わたしの長所になったのです。

もし、みなさんが「こうなりたいけど、自分には無理《むり》だな」と思っていたとしても、わたしのように目の前のことに真剣《しんけん》に立ち向かっていけば、いつかその理想像《りそうぞう》に近づけるかもしれません。そして、経験《けいけん》を通じて得《え》たことは、きっと未来《みらい》のあなたの長所になるでしょう。

## 四十歳《さい》をすぎて気がついた自分の短所

わたしの短所は、「まわりの人の気持ちが見えなくなってしまう」ということです。

「子どもの命を救《すく》いたい。一刻《いっこく》も早く正しい治療《ちりょう》を行いたい」。その信念《しんねん》でつき進もうとすると、うまくいかなかったときにイライラしたり、ちがう考えを持った医師《いし》と言い争《あらそ》いになったりしてしまいます。

30歳《さい》前後の4年間、アメリカのシンシナティ小児病院《しょうにびょういん》で研修《けんしゅう》をしていたころの植田《うえた》さん（中央）。

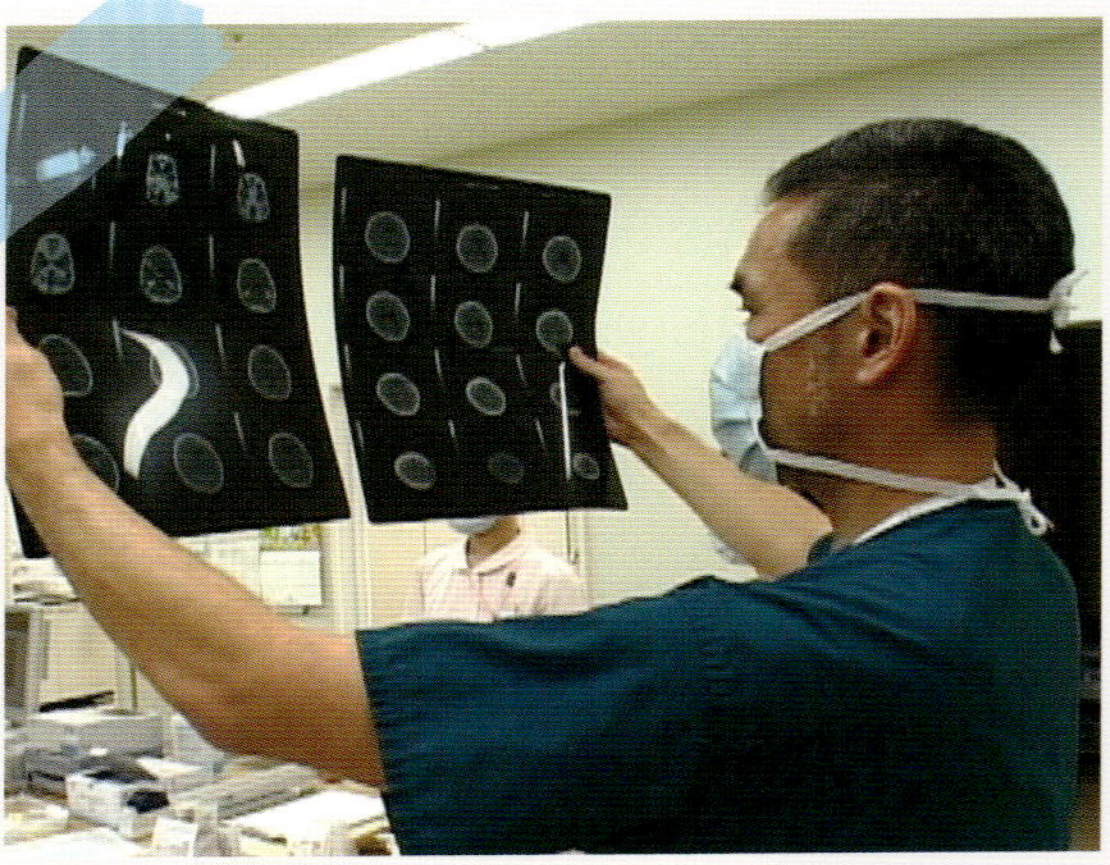

患者《かんじゃ》さんのCT《シーティー》画像《がぞう》を見る植田《うえた》さん。

### 他人《ひと》から見ると!?

**黒沢大樹《くろさわひろき》**さん（同じ治療室《ちりょうしつ》の医師《いし》）

ぼくは、研修医《けんしゅうい》※のときに植田《うえた》先生と話す機会《きかい》があり、誠実《せいじつ》な人がらと、医療《いりょう》へのまっすぐな考え方にひかれて、現在《げんざい》の病院に入りました。植田《うえた》先生は、患者《かんじゃ》さん一人ひとりの人生を真剣《しんけん》に考える人です。どんな治療《ちりょう》をするのがいいかと考えるときも、「いまはこうすればいい」と判断《はんだん》するのではなく、「患者《かんじゃ》さんの将来《しょうらい》も考えたら、こうしたほうがいい」と、つねに患者《かんじゃ》さんの立場になり治療方針《ちりょうほうしん》を考えています。

※研修医《けんしゅうい》……大学の医学部を卒業後《そつぎょうご》、医師免許《いしめんきょ》を取得《しゅとく》し、大学病院などの指定された病院で医療研修《いりょうけんしゅう》をしている医師《いし》。

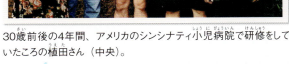

自分が正しいと思っていることを、ちゃんと意見として伝《つた》えることは大事なことですが、他人におしつけるのはよくありません。

自分だけが正しいと思いこみ、さまざまな立場の人の気持ちを、考えられていないということだからです。

## 強い心を持ちながら柔軟《じゅうなん》な心も持つ

自分の短所に気づいたのは、四十歳《さい》をすぎてからでした。医師《いし》になってから十五年もの間《あいだ》、わたしは自分の短所をわかっていなかったのです。短所をはっきり自覚《じかく》したいまは、イライラする気分を他人にぶつけないように心がけています。

また、治療《ちりょう》のやり方について別《べつ》の意見を持つ専門医《せんもんい》※や、お子さんの病気やケガと向き合うご家族の気持ちを理解《りかい》して、わたし一人で考えた方針《ほうしん》を考え直すようにも努《つと》めています。

中には「反対です」とはっきり言ってくれる病院の仲間《なかま》やご家族もいますが、口には出さず心の中で不満《ふまん》に思っているだけの人もいます。いやだということをうまく言葉にできず、悲しい気持ちをためこんでしまう人もいます。

そこで、わたしは、相手の表情《ひょうじょう》を注意深く観察《かんさつ》して、「あなたはどう思いますか?」と、こちらから問いかけるようにしています。

ただし、何でもかんでも人の言うことを聞いてしまうと、自分の考えがゆらいでしまいます。そうなると、自分で決めなければいけないときに、どうしたらいいかわからなくなってしまいます。

ですからわたしは、強い心を持ちながら、人の気持ちを考えてまわりの意見を取り入れる柔軟性《じゅうなんせい》も、大切にしています。

※専門医《せんもんい》……ある分野で特別《とくべつ》な知識《ちしき》や技能《ぎのう》を持っている医師《いし》。

## 話してハッケン!

ソラ:もともと弱虫だと思っていたのに、心が強くなったなんてかっこいいなあ〜。

ユイ:ほんと!そんなこともあるんだね。

ソラ:子どもを助けるために、その親を疑《うたが》うこともあるんだって!

ユイ:人を信用《しんよう》できないってつらいけどね。

ソラ:うん。でもそうしないと命を救《すく》えないこともあるって。

ユイ:そうしたこととも逃《に》げずにたたかっているから、心が強くなるのね。

## 植田《うえた》さんからみなさんへ

心に「栄養《えいよう》」が必要《ひつよう》なのは、子どものうちだけではありません。高校生になっても大人になっても、一生続《つづ》きます。お父さんやお母さんくらいの年齢《ねんれい》になっても、たくさんの経験《けいけん》をして新しい何かを発見していってください。

看護師《かんごし》

# 田《た》村《むら》恵《けい》子《こ》さん

## 長所 まわりの人に左右されない

## 短所 ルール違反《いはん》が許《ゆる》せなかった

# 「人とちがうことこそがその人の価値《かち》」

## 自分のことは自分の意思で決める

わたしは、「自分が大事だと思うこと」を大事にして行動しています。人とちがっていても、自分の考えていることや思っている気持ちをはっきり言えることは、子どものころからのわたしの長所だと思っています。

たとえば、何人かで食事に行ったとき、メニューを広げながら、みんなは「恵子《けいこ》ちゃんは何食べる?」とまわりを気にしながら考えています。でもわたしはいつも、自分が食べたいものをパッと決めてしまいます。

高校生のころに、「あなたは一人で何でもパッと決めちゃうんだね」と言われて、自分が当たり前にしていた行動が、まわりの人とちがうことに、そのとき初《はじ》めて気がつきました。

それでも、ずっと仲間外《なかまはず》れにもならなかったのは、きっと友達《ともだち》もわたしのそんなところを、認《みと》めてくれていたからだと思います。

## 人とちがうことは悪いことではない

わたしは、その人が大切にしている価値《かち》が大切にされる世の中でなければ、人は幸せに生きていけないと思っています。だからみなさんにも、まず自分が大切にしている価値《かち》について、考えてもらいたいと思います。

「友達《ともだち》はみんな『A《エイ》』だと思っている。でもわたしは『B《ビー》』と思っている。」

このように、自分の思っていることがみんなとちがう場合、みなさんはどう感じるでしょうか。それは、悪いことでしょうか。はずかしいことでしょうか。

わたしは、悪いことではないと思います。もちろん、わがままばかり言ってはいけませんが、「わたしはわたし。ほかのだれともちがう」という心は、まわりの人や世の中に価値《かち》をもたらす

### プロフィール

1957年和歌山県《わかやまけん》生まれ。京都大学大学院《きょうとだいがくだいがくいん》教授《きょうじゅ》。がん看護専門看護師《かんごせんもんかんごし》。がん患者《かんじゃ》とその家族の体と心の苦痛《くつう》を和《やわ》らげる、ホスピスケアに取り組む。現在《げんざい》は週に1～2回、京都府《きょうとふ》の病院に勤務《きんむ》。NHK《エヌエイチケイ》『プロフェッショナル 仕事の流儀《りゅうぎ》』にも出演《しゅつえん》した。

大阪府《おおさかふ》の病院で、看護師《かんごし》さんたちとともに、患者《かんじゃ》さんやその家族からの相談、サポートなどを行っていたころの田村《たむら》さん(中央)。

可能性《かのうせい》があるからです。

人とちがうことこそが、世界でたったひとつの、かけがえのない価値《かち》であり、その人の長所になるのです。

わたしは、自分に人とちがう部分があると気づいてからも、「まわりから見ると変《か》わった人だと思われているかもしれない」などと意識《いしき》したことはありません。わたしのすてきなユニークな一面だと受け入れています。

一方で、「個性《こせい》なんて見つけられない。目立たず、みんなと同じことをしているほうが安心」という考えの人もいるでしょう。でも、それがその人の魅力《みりょく》なのではないでしょうか。

自分とちがう性格《せいかく》の人がいても、「わたしにないものを持ってるんだ」と思えれば、その人と仲《なか》よくなれるはずだと思います。

## むかしは正しくない人が許《ゆる》せなかった

もうひとつ、わたしの性格《せいかく》で特徴的《とくちょうてき》だと思うのは、ルールに忠実《ちゅうじつ》なことです。

若《わか》いころは、何事もきちんと決められた通りにできていないのがいやでした。これは、ずっと長所だと思っていましたが、あるときから短所だと思うようになりました。

普通《ふつう》の人にとって正しくない人を見つけるたびに、「あなたはまちがってる！」と正義《せいぎ》をふりかざすことが、正しいとは限《かぎ》りません。

たとえば、「階段《かいだん》は右側《みぎがわ》通行」というルールがあるとします。左側《ひだりがわ》を歩いたら、その人は正しくない。だれにでもわかることです。

でも、その人がケガをしていて、左《ひだり》側《がわ》の手すりしかつかめない人だとしたらどうでしょう。事情《じじょう》を知らないだれ

「人のまちがいに気づくと、きびしく言いすぎてしまうところがあるので、注意をうながすときはひかえめに言うようにしています」と語る田村《たむら》さん。

### 他人《ひと》から見ると!?

**足羽美恵《あしわみえ》さん**（京都大学大学院田村研究室《きょうとだいがくだいがくいんたむらけんきゅうしつ》）

田村《たむら》先生は本当にがまん強い人で、どんなときも決しておこりません。たとえば、病気のせいでイライラしている患者《かんじゃ》さんがいても、声をあらげることはなく、おだやかに冷静《れいせい》に対応《たいおう》します。そうすると患者《かんじゃ》さんの気持ちもじょじょに落ち着いてきて、笑顔《えがお》が戻《もど》ってくるのです。また先生は、「その人の声の調子だけで、心がわかる」と言います。そのくらいたくさんの患者《かんじゃ》さんの声に、耳をかたむけてこられたのだと思います。

かから、突然《とつぜん》強い口調でしかられたら、悲しいと思いませんか。

相手の事情《じじょう》を知らずに正義《せいぎ》をふりかざしてはいけないな、と気づいてから、わたしはその短所をコントロールできるようになりました。

いまは、「どうしてかな」と相手の「心」を想像《そうぞう》し、どうすればいいかをいっしょに考えるようにしています。

## 医師《いし》は体に 看護師《かんごし》は心に向き合う

人の体は、心とつながっています。夜ねむれなかったり、ご飯《はん》がのどを通らなかったりすると、体の具合が悪くなります。そういった場合、医師《いし》は体を治《なお》すためにかかわります。わたしたち看護師《かんごし》は、「すごく悲しいことがあったのかな」などと、心に向き合います。

看護師《かんごし》生活の中で、さまざまな病状《びょうじょう》に苦しみ、あらゆる環境《かんきょう》や状況《じょうきょう》におかれて苦しむ、たくさんの患者《かんじゃ》さんに出会いました。かかえる問題もさまざまで、一人ひとりの症状《しょうじょう》をみながら、その人に合わせた体と心のケアをするのが、ホスピス※の仕事です。

ホスピスケアには、何が正しくて、何がまちがっている、といった正解《せいかい》はありません。その人の大切にしていることを一番大切にします。

世の中に新しい基準《きじゅん》ができたら、何が正しいかという基準《きじゅん》も変《か》わります。

医学や看護《かんご》の分野でも、二十年前に「よい」と言われていたことが、いまは「やっぱりよくない」とされていることもあります。医学の進歩とともに、基準《きじゅん》が変《か》わり続《つづ》けているからです。「絶対《ぜったい》」や「永遠《えいえん》」はありません。だから、何が正しいのかは、その都度、判断《はんだん》しなければいけません。みなさんには大人になっても、このことを覚《おぼ》えておいてほしいと思います。

※ホスピス……治《なお》る見こみのないがんなどの患者《かんじゃ》さんに対し、体の痛《いた》みや、恐怖《きょうふ》・不安《ふあん》といった心の苦しみを和《やわ》らげること。また、それを行う病院のこと。

## 話してハッケン！

アキ

わたしもルール違反《いはん》は許《ゆる》せない！図書室の本をずっと返さない人とか。

トモ

確《たし》かに。でも何か、返せなかった理由があったのかも。

そうだね。わたしも田村《たむら》さんみたいに、返すのがおくれちゃった理由を、今度からは聞いてみることにするよ。

## 読んでみよう！

『また逢《あ》えるといいね ホスピスナースのひとりごと』

子どものころの田村《たむら》さんのエピソードや、看護師《かんごし》をめざした秘話《ひわ》、ホスピスの師長《しちょう》として勤務《きんむ》していたころの実体験《じったいけん》などがつづられている。

田村恵子著／学研メディカル秀潤社

## 田村《たむら》さんから みなさんへ

人は必《かなら》ず死にます。どんな人も、自分にあたえられている時間以上《いじょう》を生きることはできません。人生は一度きりです。だから夢《ゆめ》をいっぱい持って、夢《ゆめ》に向かって、あなたがしたいことを精《せい》いっぱいしてください。

元保育士《ほいくし》

# 井《い》桁《げた》容《よう》子《こ》さん

長所　見方を変《か》えておもしろがれる

短所　うっかり者

# 「ものの見方はいくらでも変《か》えられる」

## 父がほめてくれた人とはちがう見方

わたしは、「どうして空は青いの？」「どうしてお月様は丸いの？」など、「どうして？」と、よく質問《しつもん》する子どもでした。わたしの父は、そんなわたしの質問《しつもん》にていねいに答えてくれる人で、ときどき「いい質問《しつもん》だね」とほめてもくれました。

ある日、わたしは、父が「いい質問《しつもん》」と言うのは、だれも気づいていないことに気づいたときだということを発見しました。それからは、「いい質問《しつもん》」と父に言われるのがうれしくて、ひとつの物事に対して、見る角度を変《か》えてみたり、それまでの考え方を変《か》えてみたりするようになりました。

## プロフィール

1955年福島県《ふくしまけん》生まれ。2018年3月まで東京家政大学《とうきょうかせいだいがく》ナースリールーム※で40年以上《いじょう》保育士《ほいくし》として勤務《きんむ》。同大学で非常勤講師《ひじょうきんこうし》も勤《つと》めた。退職後《たいしょくご》は、乳幼児教育実践研究家《にゅうようじきょういくじっせんけんきゅうか》として、全国の講演《こうえん》活動や子育て番組へのテレビ出演《しゅつえん》など、幅広《はばひろ》く活躍《かつやく》している。

保育士《ほいくし》時代の井桁《いげた》さん。両親が共働《ともばたら》きで、幼《おさな》いころから弟の世話をよくしていたという。

## 考え方を変《か》える力で悲しみを乗り越《こ》えた

父は、わたしが高校一年生のとき、自ら命を絶《た》ち亡《な》くなりました。交通事故《じこ》が原因《げんいん》で、重い後遺症《こういしょう》が残《のこ》ってしまい、その激痛《げきつう》にたえられなかったのです。

わたしは、父が大好《だいす》きだったので、とてもショックでした。しかし、苦しみながらも、こう考えてみたのです。

「わたしは、わたしと同じ思いをした人の気持ちになれる。わたしのようにショックを受け、悲しみをかかえている人がいたら、わたしはその人がかけてほしい言葉をかけてあげられる。苦しんでいる人の力になれる。」

考え方を変《か》えることで、わたしは立ち直ることができました。父のおかげで身についていた、「角度を変《か》えて見る」習慣《しゅうかん》が役に立ったのです。

もしもわたしが、物事をひとつの方向からしか見られなかったら、父を失《うしな》ったことを「不幸《ふこう》」としか思えなかったかもしれません。

このように発想を切りかえられることが、わたしの長所だと思っています。

※ナースリールーム……0〜5歳《さい》の子どもを対象《たいしょう》とした、安全で健康《けんこう》な生活の中で心身の成長《せいちょう》をめざす保育施設《ほいくしせつ》。

## できる人ができない人を助ければいい

わたしの短所は、うっかり者なところです。たとえば、洋服を後ろ前に着たまま出かけてしまうことや、タンスのとびらをきちんとしめていなくて、夫《おっと》におこられることがあります。

苦手なこともあります。お金の管理《かんり》など、細かい計算です。

でも、短所も苦手なことも、そのままでいいと思っています。うっかり者なことも、わたしの個性《こせい》です。失敗《しっぱい》したらあやまればいいし、苦手な計算は、わたしがやらなくてもいいと思います。計算は、計算が得意《とくい》な人にお願《ねが》いしたほうが効率《こうりつ》がいいと思うからです。

だれかが苦手なことでも、そうではない人が必《かなら》ずいます。できる人ができない人を助ければいいのです。

一人ひとりの「できること」は、みんなちがいます。それをおたがいが出し合って協力《きょうりょく》すれば、みんなが助け合う世の中ができます。これは、みなさんだけでなく、お母さんやお父さんにも知ってほしいことです。

## 一人ひとりちがうからおもしろい

わたしは、「子どもは一人ひとり、みんなちがっていておもしろい」と思ったから保育士《ほいくし》になりました。

仕事を通じて、たくさんの子に出会いましたが、当然《とうぜん》ながら、だれ一人として同じ子はいませんでした。性格《せいかく》もこだわりもみんなちがうし、好《す》きな遊びや興味《きょうみ》をひかれるものもちがいます。そうした一人ひとりの個性《こせい》が、豊《ゆた》かに育つように応援《おうえん》する仕事ができて、本当によかったと思っています。

「つらいと思うことも見方を変《か》えて、何でも笑《わら》い飛《と》ばせる人になってください。毎日がとっても楽しくなりますよ」と語る井桁《いげた》さん。

東京家政大学《とうきょうかせいだいがく》のナースリールームで、保育士《ほいくし》として働《はたら》いていたころの井桁《いげた》さん。

## 大人の期待通りにならなくてもいい

「みんなと同じことができない」とか「みんなと同じものをいいと思えない」など、「人とちがうこと」になやんでいる人もいるかもしれません。

残念《ざんねん》なことに、日本には、「みんなと同じにしなさい」と教える大人がいることも確《たし》かです。わたしも、小学生のころ、「なぜ、大人は言うことをきく子や勉強ができる子ばかりを、いい子というのだろう」と、疑問《ぎもん》に思ったことがありました。

みんなが同じように考え、同じように物事を見るように育ったら、どうなるでしょうか。天才や世界に通用するような人は、この国からは生まれなくなってしまうと思います。技術《ぎじゅつ》の進歩は、めざましいものがありますが、人間がコンピューターやロボットに勝るものは、個性《こせい》だけです。わたしたち人間にあたえられた個性《こせい》の大切さを、多くの人に知ってもらいたいと思います。

## 「自信《じしん》」スイッチが長所をのばす

「自分はだめだ」と考えてばかりいると、自分のよいところまでいっしょに消えてしまいます。

だめなところを考えてしまう人は、もっと自分のよいところに自信《じしん》を持ってみてください。自分のよいところに「自信《じしん》」というスイッチが入ると、人はすごい力を発揮《はっき》します。

自分のよいところがわからない人は、友達《ともだち》とよいところを探《さが》し合って、「あなたの〇〇なところがすばらしい」と、言葉にしてみましょう。「すばらしい」と認《みと》めてくれる人を増《ふ》やしていくほど、あなたの個性《こせい》が輝《かがや》いていくと思いますよ。

## 話してハッケン！

ソラ：ぼくもけっこう、うっかり者だよ。よくペンケースを忘《わす》れるから、トモくんに筆記用具をかりてるんだ。

アキ：知ってた？　ソラくんが忘《わす》れても大丈夫《だいじょうぶ》なようにって、トモくんはいつも１本多く持ってきてるんだよ！

えっ、そうだったんだ。今度、トモくんに「いつもありがとう」って伝《つた》えるよ。

### 読んでみよう！

『子どもにかかわる仕事《しごと》』

井桁《いげた》さんをはじめ、さまざまな現場《げんば》で、子どもの命や心の問題に寄《よ》りそってきた13人が、仕事の迷《まよ》いや難《むずか》しさなどの体験談《たいけんだん》を語る。

汐見稔幸編／岩波ジュニア新書

### 井桁《いげた》さんからみなさんへ

完璧《かんぺき》な人などどこにもいません。できないことはあって当たり前です。できないことはできる人に助けてもらい、あなたはあなたのできることで、だれかを助けてあげましょう。みんながそれぞれに、よいところをいかし合っていってください。

機動救難士《きどうきゅうなんし》

# 阿《あ》萬《ま》野《の》礼《れ》央《お》さん

長所 堅実《けんじつ》、慎重《しんちょう》

短所 心配性《しんぱいしょう》、人とくらべてしまう

# 「心配性《しんぱいしょう》。そのかわりだれよりもピンチに強い」

## 危険《きけん》な仕事だからこそ必要《ひつよう》とされる慎重《しんちょう》さ

わたしの長所は、堅実《けんじつ》で慎重《しんちょう》なところです。自分の能力《のうりょく》以上《いじょう》のことはせず、無理《むり》をしないように行動することができます。

機動救難士《きどうきゅうなんし》は、海でおぼれた人や、事故《じこ》にあった人をヘリコプターで助けに行くのが仕事です。ときには、海にもぐることもあります。いわば、「空《そら》飛《と》ぶ海のレスキュー隊《たい》」です。海の事故《じこ》があったら、全国の基地《きち》からヘリコプターで、わたしたちがすぐにかけつけます。

人の命にかかわるこの仕事は、勢《いきお》いにまかせて行動したり、少し判断《はんだん》を誤《あやま》ったりしただけで、自分の命をも落とす可能性《かのうせい》があり、いつも危険《きけん》と隣《とな》り合わせです。パニックを起こしやすい事故《じこ》現場《げんば》をはじめ、慎重《しんちょう》さが必要《ひつよう》な場面で、わたしの長所がいかされていると思います。

## 心配性《しんぱいしょう》だから準備《じゅんび》はいつでも万全《ばんぜん》

短所は慎重《しんちょう》なぶん、心配性《しんぱいしょう》で、大胆《だいたん》な挑戦《ちょうせん》ができないところです。職場《しょくば》の先輩《せんぱい》たちを見て、「自分ももっといろいろなことに挑戦《ちょうせん》できていたら、成長《せいちょう》できていたかもしれない」と思うこともあります。けれども、心配しすぎてしまうところが、自分の持ち味だと考えるようにしています。

たとえばわたしは、「こんなこともあるかもしれないから、こういう準備《じゅんび》をしておこう」と、いろいろなことを想定して、だれよりも念入《ねんい》りに準備《じゅんび》をします。

機動救難士《きどうきゅうなんし》は、つねに海とのたたかいです。相手は自然《しぜん》ですから、いくら心配しても、したりないことはありません。自然《しぜん》の変化《へんか》には取扱説明書《とりあつかいせつめいしょ》もなく、「こうしておけば絶対大丈夫《ぜったいだいじょうぶ》」

### プロフィール

1986年北海道《ほっかいどう》生まれ。大学を卒業後《そつぎょうご》、海《かい》上保安庁《じょうほあんちょう》※1の潜水士《せんすいし》※2になり、釧路海上《くしろかいじょう》保安部《ほあんぶ》に配属《はいぞく》。2013年 海上保安庁救難《かいじょうほあんちょうきゅうなん》技術審査会《ぎじゅつしんさかい》全国1位。東日本大震災《ひがしにほんだいしんさい》を経《けい》験《けん》して機動救難士《きどうきゅうなんし》をめざし、2015年から函館航空基地《はこだてこうくうきち》に着任《ちゃくにん》。

「海の事故を見たら『118』に電話してください。ヘリコプターに乗った機動救難士《きどうきゅうなんし》が現場《げんば》へかけつけます」と語る阿萬野《あまの》さん。

※1 海上保安庁《かいじょうほあんちょう》……海の安全や治安《ちあん》を守る、国の機関《きかん》。
※2 潜水士《せんすいし》……海や沼《ぬま》にもぐって、作業する人。海上保安庁《かいじょうほあんちょう》の潜水士《せんすいし》は、海上で転覆《てんぷく》した船内に残《のこ》っている人を助け出すなど、海で起きた事故《じこ》の救助活動《きゅうじょかつどう》を行う。

降下訓練中《こうかくんれんちゅう》の阿萬野《あまの》さん。海難救助《かいなんきゅうじょ》では、たった1本のロープで海面近くまで降りていく。

ということもありません。自分の準備《じゅんび》していたことが現場《げんば》の助けになることがあるので、心配性《しんぱいしょう》なところも役に立つと思えるようになりました。

## 東日本大震災《ひがしにほんだいしんさい》を機《き》にレスキューのプロをめざす

機動救難士《きどうきゅうなんし》を志《こころざ》したのは、二〇一一年の東日本大震災《ひがしにほんだいしんさい》がきっかけです。当時は、北海道《ほっかいどう》の釧路海上保安部《くしろかいじょうほあんぶ》で潜水《せんすい》士《し》をしていました。

わたしたちは、地震《じしん》発生から十二時間後に、宮城県《みやぎけん》までヘリコプターで状況調査《じょうきょうちょうさ》に向かいました。目の前には、ヘリコプターを見つけて手をふる被災者《ひさいしゃ》の方が何千人といました。いまでもあのときの光景《こうけい》は、忘《わす》れられません。

そのときのわたしは、現場《げんば》で何が起きているのかを見に行くことしかできない立場だったので、ヘリコプターに助けを求《もと》める人たちに、何もすることができずに戻《もど》ってきました。ヘリコプターを降《お》りる訓練《くんれん》を受けていない自分に、強いもどかしさを感じました。

こうした経験《けいけん》を経《へ》て、レスキューのプロになりたいという気持ちが強くなり、四年前に機動救難士《きどうきゅうなんし》になりました。

## アイスホッケーで学んだ全体を見る力

子どものころは体育が得意《とくい》で、小学

小学生のころの阿萬野《あまの》さん。アイスホッケーを続《つづ》け、大学生のころはチームの全国優勝《ゆうしょう》に貢献《こうけん》した。

### 他人《ひと》から見ると!?

**千葉守之《ちばもりゆき》さん（阿萬野《あまの》さんの上司《じょうし》）**

阿萬野《あまの》さんは、とても冷静《れいせい》な性格《せいかく》です。きびしい現場《げんば》でも、いつも一歩引いて考える勇気《ゆうき》がある人です。レスキューの仕事は、助けたいという情熱《じょうねつ》だけでもだめ。熱《あつ》すぎる思いや、「自分にはできる」という自信《じしん》は、大きな失敗《しっぱい》にもつながります。人間は必《かなら》ずミスをするから、そのミスを最小限《さいしょうげん》におさえようと考える阿萬野《あまの》さんは、みんなにとっても貴重《きちょう》な存在《そんざい》です。冷静《れいせい》でも、熱《あつ》い心を持った男です。

生から大学を卒業《そつぎょう》するまで、ずっとアイスホッケーをやっていました。

　ポジションはセンターでした。センターは、コートの中でチームの中央に位置《いち》するポジションです。せめながら守りのことも考え、守りながら、せめなくてはいけません。チームメイトや敵《てき》がどんな動きをしているのか、つねにさまざまな方向へ目を配ることが要《よう》求《きゅう》されます。

　アイスホッケーというスポーツを通して、救助《きゅうじょ》のときに必要《ひつよう》とされる、「まわりの動きに注意を払《はら》う力」が養《やしな》われたと思っています。

## 「縁《えん》の下の力持ち」でも輝《かがや》ける

　小学生のころは、アイスホッケーチームのキャプテンもしていました。でも本当は、キャプテンをやりたくありませんでした。なぜなら、わたしはリーダーシップをとってみんなをまとめたり、指示《しじ》を出したりすることが、とても苦手だったからです。だから、先生に任命《にんめい》されて仕方なく引き受けていたというのが、正直な気持ちです。

　そのまま中学校でもキャプテンに任《にん》命《めい》されそうになったときは、先生にお願《ねが》いして副《ふく》キャプテンにしてもらいました。

　わたしは、自分の言いたいことをはっきりと主張《しゅちょう》できませんし、小さなことでもまわりとくらべて、「自分がみんなよりできていない」と思ってしまう性格《せいかく》です。子どものころから、この性《せい》格《かく》はほとんど変《か》わっていません。

　だから、みんなの上に立つリーダーを務《つと》める自信《じしん》はありませんが、そのかわり、みんなのことをかげでひっそり支《ささ》える、「縁《えん》の下の力持ち」でいたいです。そうした役目の人も、チームには必要《ひつよう》だと思っています。

## 話してハッケン！

ぼくもリーダーは苦手だし、なりたくないな。でも、「縁《えん》の下の力持ち」になることもできなさそう。

トモくんは、いつも黒板のそうじをていねいにしてくれているじゃん。

それだって、みんなとても助かっているんだよ。トモくんも立派《りっぱ》な「縁《えん》の下の力持ち」だと思うよ。

## 行ってみよう！

### 「海上保安資料館《かいじょうほあんしりょうかん》」

過去《かこ》に使っていた巡視船《じゅんしせん》※や飛行機《ひこうき》の写真、潜水服《せんすいふく》など、海上保安庁《かいじょうほあんちょう》の仕事を紹介《しょうかい》する展示物《てんじぶつ》が並《なら》ぶ。巡視船《じゅんしせん》の船体も一部展示《てんじ》している。

住所：広島県呉市若葉町5―1
海上保安大学校内

## 阿萬野《あまの》さんからみなさんへ

わたしもそうですが、自分の性格《せいかく》でなやんでいる子ほど、自己分析《じこぶんせき》ができていると思います。なやみ続《つづ》けているからこそ、自分を理解《りかい》できているはずです。性格《せいかく》は変《か》えられませんから、そんな自分とのつきあい方を考えていったらいいと思います。

※巡視船《じゅんしせん》……海上保安庁《かいじょうほあんちょう》の船。海のパトロールを行い、海で事故《じこ》が起こったときなどに船や人を助けに行く。

ハイパーレスキュー隊員《たいいん》

# 加《か》藤《とう》祐《ゆう》一《いち》さん

**長所** 協《きょう》調《ちょう》性《せい》、集中力

**短所** まわりが見えなくなる

# 「短所も自分の一部と大事にしてみるといい」

## チームスポーツで身についた協調性《きょうちょうせい》

小学生のころは勉強よりもスポーツが得意《とくい》で、活発な子どもでした。いつも一歳《さい》年下の妹と、けんかばかりしていました。落ち着きもなく走り回っていて、人の役に立つどころか、人に迷《めい》惑《わく》をかけてばかりだったと思います。

そんなわたしがこの仕事につくことで、自分の長所として気づいたことは「協調性《きょうちょうせい》」です。

ハイパーレスキュー隊《たい》は、とまりこみで働《はたら》きます。二十四時間、生活を隊《たい》員《いん》とともにします。そうじ、洗濯《せんたく》、食事などはすべて当番制《とうばんせい》で、自分たちで行います。この共同《きょうどう》生活になじめない隊員《たいいん》もいる中で、仲間《なかま》と助け合ったり、協力《きょうりょく》し合ったりして生活することが、わたしは苦もなくできました。

この協調性《きょうちょうせい》は、子どものころにしていた、チームスポーツでつちかわれたのではないかと思っています。

小学生のころ、サッカーチームではキャプテンを務《つと》め、中学校・高校では野球部に所属《しょぞく》していました。高校では寮生活《りょうせいかつ》を送っていたので、共同生活《きょうどうせいかつ》には慣《な》れていたのだと思います。

野球部のころのポジションは、キャッチャーでした。キャッチャーは、広い視野《しや》を必要《ひつよう》とするポジションです。試《し》合《あい》の流れやグラウンド全体を見て、ほかの選手《せんしゅ》に指示《しじ》を出します。その経験《けいけん》から、チーム全体を見る力や判断力《はんだんりょく》を身につけたのかもしれません。

## みんなで協力《きょうりょく》し合うハイパーレスキューの仕事

ハイパーレスキュー隊《たい》の仕事は、つねに集団《しゅうだん》行動です。危険《きけん》と隣《とな》り合わせの仕事なので、単独《たんどく》行動は絶対禁止《ぜったいきんし》、最低《さいてい》でも二人で行動します。

隊員《たいいん》は二十名で、それぞれが特殊技《とくしゅぎ》能《のう》を持っています。わたしも、スーパー

### プロフィール

1988年神奈川県《かながわけん》生まれ。東京消防庁消防《とうきょうしょうぼうちょうしょうぼう》救助機動部隊《きゅうじょきどうぶたい》（通称《つうしょう》ハイパーレスキュー隊《たい》）の隊員《たいいん》。震災《しんさい》などの大規模《だいきぼ》な災害《さいがい》に備《そな》え、特別《とくべつ》な技術《ぎじゅつ》と能力《のうりょく》、高度な装備《そうび》と資器《しき》材《ざい》を持った部隊《ぶたい》の一員として、日々訓練《ひびくんれん》を行っている。2018年現在《げんざい》、消防副士長《しょうぼうふくしちょう》。

「子どものころから、消防《しょうぼう》自動車などのサイレンカー好《す》きだった」という加藤《かとう》さん。

遠隔操作《えんかくそうさ》でスーパーポンパーを動かす加藤《かとう》さん。大きな車体を慎重《しんちょう》に車庫から出す。

アンビュランスという大型救急車《おおがたきゅうきゅうしゃ》と、スーパーポンパーという、遠くから水を送る消防車《しょうぼうしゃ》の運転ができます。

日本の救助《きゅうじょ》活動のレベルは、世界でもトップクラスです。海外へ応援《おうえん》のために派遣《はけん》されることもあります。

二〇一三年に伊豆大島《いずおおしま》で起こった、台風による土砂災害《どしゃさいがい》では、わたしも救助《きゅうじょ》活動に参加《さんか》しました。そうした経験《けいけん》をすると、あらためて身が引きしまり、訓練《くんれん》でも緊張感《きんちょうかん》が増《ま》します。

訓練《くんれん》では、実際《じっさい》に土砂《どしゃ》をほり起こしたり、大きな岩をどかしたりもします。

加藤《かとう》さんが指示《しじ》を出し、ほかの隊員《たいいん》と声をかけ合いながら作業を進める。

目で合図を送り合い、役割分担《やくわりぶんたん》をすることもありますが、これは、隊員《たいいん》が信頼《しんらい》し合い、おたがいの得意不得意《とくいふとくい》をわかっていなければできません。まさにチームワークを必要《ひつよう》とする作業です。

## 人の役に立ちたくて めざした現在《げんざい》の仕事

ハイパーレスキュー隊《たい》は、一九九五年の阪神淡路大震災《はんしんあわじだいしんさい》をふまえ、震災対応部隊《しんさいたいおうぶたい》としてつくられました。地震《じしん》など、大きな災害《さいがい》が起こったときの救助《きゅうじょ》活動がおもな任務《にんむ》です。東京だけでなく、北海道《ほっかいどう》から近畿地方《きんきちほう》まで出動します。ふだんは、いつ起こるかわからない災害《さいがい》に備《そな》えて、訓練《くんれん》をしています。

ハイパーレスキュー隊《たい》のことを知ったのは、高校生のときでした。新潟県《にいがたけん》中越地震《ちゅうえつじしん》が起こり、そのとき、テレビのニュース番組で、土砂《どしゃ》くずれの中から子どもを助け出していたのが、ハイパーレスキュー隊《たい》でした。これに胸《むね》を打たれ、「自分も人の役に立つ仕事をしたい！」と思ったのです。

### 他人《ひと》から見ると!?

**飯田克也《いいだかつや》さん（ハイパーレスキュー隊員《たいいん》）**

加藤《かとう》さんは、優《やさ》しさのかたまりみたいな人ですね。同じ年齢《ねんれい》の人に対しても、後輩《こうはい》に対しても、分けへだてなく、思いやりがあります。そしてリーダーシップもあり、後輩《こうはい》たちの面倒見《めんどうみ》もいいですね。そして、とにかく真面目《まじめ》です。加藤《かとう》さん自身、気づいているようですが、集中すると、それ以外《いがい》のことに意識《いしき》がいかなくなるところがあります。それも、真面目《まじめ》だからだと思います。

## 集中しすぎると視野《しや》がせまくなる

わたしは、何かひとつのことに気持ちが向かうと、それ以外《いがい》のことが見えなくなることが短所だと感じています。訓練中《くんれんちゅう》も、先輩《せんぱい》から、まわりが見えなくなっていて、「いま危《あぶ》なかったぞ！」と指摘《してき》されることがあります。

自分のすべきことに集中するのは、悪いことではないと思います。でも、それだけではだめです。なぜなら、まわりの隊員《たいいん》のことも見て気を配っていないと、危険《きけん》がせまっていても気づけないからです。自分の短所に気づいてからは、視野《しや》を広く持つように意識《いしき》するようにしています。

## いろいろな個性《こせい》を結集《けっしゅう》してひとつのことをめざす

ハイパーレスキュー隊員《たいいん》はみんな、人の役に立ちたいと思っています。ただし、同じことをめざしていても、性格《せいかく》や考え方はそれぞれちがいます。でも、それでいいと思います。おおらかな人、慎重《しんちょう》な人、大胆《だいたん》な人など、救助《きゅうじょ》活動には、そうしたいろいろな人の視《し》点《てん》や意見が必要《ひつよう》だと思うからです。

わたしは、人の性格《せいかく》は大きくは変《か》えられないと思います。短所が気になるのなら、考え方を変《か》えればいいのではないでしょうか。わたしの場合であれば「まわりが見えなくなることも、集中力があるという長所だ」というふうにとらえて、大事にしようと思っています。

後輩《こうはい》に指導《しどう》をするときは、彼《かれ》らに気をつけてほしいことや、気づいた欠点《けってん》は、きちんと言うようにしています。わたしが先輩《せんぱい》に言われたように、彼《かれ》らに自分を知ってほしいからです。まず自分を知った上で、自分にできることを努力《どりょく》していければいいと思います。

## 話してハッケン！

ユイ：わたしもバスケットボールクラブのみんなと仲《なか》よしだよ。これって、協調性《きょうちょうせい》があるってことかも！

トモ：あははっ！　練習中によく言い合いのけんかをしているけどね。

ユイ：それだけ真剣《しんけん》なの！　チーム一丸《いちがん》になるのって難《むずか》しいんだから。

ソラ：そうだね。チームスポーツでは視《し》野《や》も心も、広く持たないとね！

## 行ってみよう！

### 「消防博物館《しょうぼうはくぶつかん》」

消防《しょうぼう》の歴史《れきし》や世界の消防車《しょうぼうしゃ》などの展示《てんじ》のほか、消防《しょうぼう》ヘリコプターの搭乗体験《とうじょうたいけん》や、消《しょう》防車《ぼうしゃ》に乗って災害現場《さいがいげんば》へ向かう擬似体験《ぎじたいけん》コーナーもある。

住所：東京都新宿区四谷3-10

## 加藤《かとう》さんからみなさんへ

自分の性格《せいかく》についてまわりから何か言われたとしても、あまり気にしなくていいと思います。短所に気づいても、考え方を変《か》えれば、長所にもなります。そして、何より命を大切にしよう。この世界にきみは一人しかいないんです！

国連職員《こくれんしょくいん》

# 根《ね》本《もと》かおるさん

長所　好奇心《こうきしん》が強い、負けずぎらい

短所　冷《さ》めやすい、あきっぽい

# 「自分の力を信《しん》じる気持ちを強く持ってほしい」

## ★プロフィール★

1963年兵庫県《ひょうごけん》生まれ。テレビ局のアナウンサー、記者、フリージャーナリストなどを経験《けいけん》したのち、2013年から東京《とうきょう》の国連《こくれん》広報《こうほう》センター所長《しょちょう》に就任《しゅうにん》。『難民鎖国《なんみんさこく》ニッポンのゆくえ』（ポプラ社）など著書《ちょしょ》多数。

「国連《こくれん》の広報《こうほう》の仕事は、国連《こくれん》が行っている仕事を伝《つた》える、国連《こくれん》と日本のかけ橋です」と語る根本《ねもと》さん。

## 好奇心《こうきしん》の強さが広報《こうほう》の仕事にいきる

※国際連合《こくさいれんごう》（国連《こくれん》）の広報《こうほう》センターで働《はたら》くわたしの仕事は、「国連《こくれん》が取り組む世界の課題《かだい》を、日本のみなさんに伝《つた》えること」です。

かた苦しく思われがちな国連《こくれん》ですが、最近《さいきん》では吉本興業《よしもとこうぎょう》のお笑《わら》い芸人《げいにん》さんと協力《きょうりょく》して、紛争《ふんそう》やジェンダーのことをみなさんによりわかりやすく伝《つた》えるような試《こころ》みもしています。

そうした試《こころ》みが実現《じつげん》したのも、好奇《こうき》心《しん》が強いという、わたしの長所をいかせたからだと思っています。日ごろからいろいろなことに注意を向けているので、街《まち》を歩いていても、テレビを見ていても、心を動かされそうな何かを無意識《むいしき》のうちに探《さが》しています。

人がどんなことに興味《きょうみ》を持っているのか、いまどんな人が注目を浴《あ》びているかなど、人の心をつかむきっかけとなるものを察知《さっち》し、それを仕事にいかしているというわけです。

## あきっぽい。おかげでいつも元気でいられる

短所は、いろんなことに興味《きょうみ》があるぶん、あきっぽいところでしょうか。ひとつのことに夢中《むちゅう》になるというよりも、新しくおもしろいものを見つけると、そちらに興味《きょうみ》を持ってしまいます。

でも、ひとつのことに集中しすぎてしまうよりは、あきっぽいことによって、うまく自分の力を分散《ぶんさん》することができていると思っています。

たとえば、ついつい自分でたくさんの仕事をかかえすぎてしまいがちですが、自分一人だけでなくチームで仕事にあたるように心がけています。一人でかかえて、できなくなってしまうより、ほかの人にたのんだり相談したりして、分担《ぶんたん》したほうが仕事は効率《こうりつ》よく進みます。無理《むり》をして体をこわすよう

※国際連合《こくさいれんごう》……1945年につくられた、世界の安全や社会の発展《はってん》のために協力《きょうりょく》することを目的《もくてき》とする国際機関《こくさいきかん》。

なこともありません。

長所と短所がバランスよく支《ささ》え合ってくれているのかもしれません。

## ドイツで過《す》ごした子ども時代

わたしは子どものころ、両親の仕事の都合で、ドイツに四年間滞在《たいざい》していました。日本語しかしゃべれない九歳《さい》のふつうの子どもが、ある日突然《とつぜん》、ドイツの現地《げんち》の学校に通うことになったのです。日本と異《こと》なる文化のちがいにおどろきました。

当時のドイツは政治情勢《せいじじょうせい》のため、東ドイツと西ドイツに分かれていました。「同じ国だったのにどうして分断《ぶんだん》されなくてはいけないの？」という国際情《こくさいじょう》勢《せい》への問題意識《いしき》を、このときにしっかりとはだで感じたのを覚《おぼ》えています。

ドイツでの生活は、楽しいことばかりではありませんでした。まわりは白人のドイツ人がほとんどですから、日本人のはだの色は目立ちます。言葉ができないために、からかわれることもありました。もちろん、ドイツの子どもたちに、はっきりとした悪意があったわけではないでしょう。「ドイツ語ができない有色人種《じんしゅ》の日本人」は興味《きょうみ》の的《まと》となり、かっこうのからかいの対《たい》象《しょう》になったというわけです。

「ドイツにいたころ、たくさんの美術《びじゅつ》や音楽にふれました。そのときに養《やしな》われた感性《かんせい》が、いまもわたしの強みです」と語る根本《ねもと》さん。

## マイノリティの気持ちがわかるようになった

本来は活発で明るい性格《せいかく》のわたしでしたが、ドイツ語で言い返すこともできず、とにかくくやしい思いをしました。落ちこんだ時期もありましたが、持ち前の負けずぎらいの性格《せいかく》で勉強もがんばり、じょじょに友達《ともだち》ができました。

当時のわたしにとって、区別《くべつ》された

土曜日《どようび》に通っていた日本人補習校《にほんじんほしゅうこう》の友人たちと根本《ねもと》さん（左から2番目）。上下ともにジーンズの服装《ふくそう》がお気に入りで、スポーツが大好《だいす》きだった。

経験《けいけん》はとてもくやしいことでしたが、いま思うと、とても貴重《きちょう》な経験《けいけん》ができたのだと思います。

子ども時代に、このようなマイノリティ（少数派《しょうすうは》）の気持ちを感じられたことは、マイノリティゆえに故郷《こきょう》を追われた難民《なんみん》※1たちのことを、世界の人たちに伝《つた》える仕事にも、大きく役立っている気がするからです。

国連難民高等弁務官事務所《こくれんなんみんこうとうべんむかんじむしょ》※2にいたころ、アフリカやアジアで現地《げんち》の難民《なんみん》を支援《しえん》する活動をしたこともあります。

そこにいる人たちのつらさを理解《りかい》し、行動することができたのは、子どものころの経験《けいけん》があったからだと思います。

## 「経験《けいけん》」はその人だけの貴重《きちょう》なもの

子どものころは、クラスのだれかと自分をくらべて、「〇〇さんは自分よりすごいな。自分はこんなふうにはできないな」と、自分がちっぽけな存在《そんざい》に感じられてしまい、なやむことがあるかもしれません。でも、そんなときも、あなたという人間が一人しかいないことを忘《わす》れないでください。

なぜなら、人がそれぞれ経験《けいけん》してきたことは、みんな異《こと》なることだからです。あなたのしてきた経験《けいけん》は、あなたにしかありません。「こんな経験《けいけん》を積《つ》み重ねてきた自分だからこそ、こんなことができるんだ」と、自分の力を信《しん》じる気持ちを強く持つことが、わたしは大事だと考えています。ですから、いろいろなものを見て、聞いて、経験《けいけん》値《ち》を増《ふ》やしていってください。

また、国連《こくれん》の活動には、たとえば世界でどれだけの食料《しょくりょう》が捨《す》てられているのかを考えて、給食《きゅうしょく》を食べ残《のこ》さないようにするなど、みなさんでも参加《さんか》できるものもあります。ぜひ、身近なこととして取り組んでほしいと思います。

### 話してハッケン！

トモ：ぼくも、いっつもいろんなことに興味《きょうみ》があるよ。

ソラ：トモくんって野球やらないのに、プロ野球の選手《せんしゅ》、よく知ってるもんね。

トモ：でもぼくは、根本《ねもと》さんとはちがって興味《きょうみ》を持ったら、そのことにすごく熱中《ねっちゅう》しちゃう。

アキ：好奇心《こうきしん》が強くても、いろんな人がいるんだね。

### 読んでみよう！

**『未来《みらい》を変《か》える目標《もくひょう》 SDGs《エスディージーズ》アイデアブック』**

2015年に国連《こくれん》で決まったSDGs《エスディージーズ》という貧困《ひんこん》や飢餓《きが》撲《ぼく》滅《めつ》など、2030年までに達成《たっせい》すべき17個《こ》の目標《もくひょう》をわかりやすく解説《かいせつ》した本。

Think the Earth編著・蟹江憲史監修／紀伊國屋書店

### 根本《ねもと》さんからみなさんへ

わたしのきらいな言葉は「どうせ」です。「どうせ何もできない」「どうせやってもだめ」という言葉であきらめてしまわず、「転んでもタダでは起きない！」そんな気持ちで、自らの人生を切り開いていってください。

※1 難民《なんみん》……自分の国にいると、紛争《ふんそう》などの被害《ひがい》を受けるおそれがある人。または、紛争《ふんそう》からのがれてちがう国に逃《に》げてきた人。
※2 国連難民高等弁務官事務所《こくれんなんみんこうとうべんむかんじむしょ》……難民《なんみん》に関《かん》する問題解決《かいけつ》に取り組む、国際連合《こくさいれんごう》の機関《きかん》。略称《りゃくしょう》「UNHCR《ユーエヌエイチシーアール》」。

ユニセフ職員《しょくいん》

# 井《い》本《もと》直《な》歩《お》子《こ》さん

長所 前向き、行動力がある

短所 他人にたよるのが苦手

# 「何事もやって みなくちゃわからない」

## 助けが必要《ひつよう》な人がいたら 自分が助けてあげたい

わたしは国際連合児童基金《※こくさいれんごうじどうききん》（ユニセフ）という機関《きかん》で、紛争《ふんそう》や災害《さいがい》に巻《ま》きこまれた子どもたちが、また学校に通えるように支援《しえん》する仕事をしています。住んでいる地域《ちいき》から避難《ひなん》してきた人たちが、集まっている場所で授業《じゅぎょう》をできるようにしたり、地震《じしん》や台風でこわれてしまった学校を建《た》て直すためのプログラムを運営《うんえい》したりしています。

「どうしていまの仕事をしたいと思ったの？」と、よく聞かれます。でも、わたしはうまく答えられません。

わたしには「やらない理由がない」からです。助けを必要《ひつよう》としている人たちがいたら、どうすれば助けてあげられるのか、だれかがその方法《ほうほう》を調べなければなりません。それをほかのだれかがやるのではなく、わたしがやるのが当たり前だと思っているからです。

「できない」「わたしには無理《むり》」と思うことはありません。「わたしは何でもできる」と思えるし、「やってみなければわからない」といつも思います。物事を前向きにとらえて行動できるのは、わたしの長所なのだと思っています。

## 人にお願《ねが》いできず 仕事をかかえることも

自分には何でもできる、と思える反面、わたしは人にたよることが苦手です。

「本当はこうしてほしいな」と思うことがあっても、相手に強く言うことができません。「じゃあいいよ、わたしがやるから」とつい言ってしまい、仕事をかかえこんでしまいがちです。

「井本《いもと》さんばかり無理《むり》してがんばらなくていいよ」とか、「そんなに強いふりしなくていいのに」と言われることも多いのですが、自分では無理《むり》をしているつもりもなければ、強がっているつもりもないのです。そういう性格《せいかく》だ

### ★プロフィール★

1967年東京都《とうきょうと》生まれ。1996年アトランタオリンピックに出場した元競泳選手《もときょうえいせんしゅ》。ユニセフ職員《しょくいん》に転身した現在《げんざい》は、教育専門官《きょういくせんもんかん》として西アフリカのユニセフ・マリ事務所《じむしょ》に勤務《きんむ》。「スポーツを通した平和構築《へいわこうちく》」などの、講演《こうえん》なども行っている。

ユニセフ・ギリシャ事務所《じむしょ》で、紛争地域《ふんそうちいき》の子どもたちが再《ふたた》び学校へ通えるように、支援《しえん》活動をしていたときの井本《いもと》さん。

※国際連合児童基金《こくさいれんごうじどうききん》……すべての子どもの命と権利《けんり》を守るため、もっとも支援《しえん》の届《とど》きにくい子どもたちを最優先《さいゆうせん》に、190の国と地域《ちいき》で活動する国際機関《こくさいきかん》。

から、一人でたくさんの仕事をかかえてしまうのかもしれません。

## 中学生のころ 国際《こくさい》大会で見た衝撃《しょうげき》

そもそも世界の国々《くにぐに》のことを考えるようになったのは、中学生のころです。わたしはオリンピックをめざす水泳の選手《せんしゅ》として、国際《こくさい》大会に出ていました。そこで目にした光景《こうけい》から、大きな衝撃《しょうげき》を受けたのです。

ある国の選手《せんしゅ》は、使い古されて、すり切れそうな水着を着ていました。また、選手村《せんしゅむら》でプリンやアイスクリームを、おなかいっぱい食べて喜《よろこ》んでいる選手《せんしゅ》もいました。その選手《せんしゅ》がいる国では、ふだん、そのようなおやつを買うことはできないのだそうです。スタッフから、「あの選手《せんしゅ》の国にはプールがないんだよ」と聞いて、おどろきもしました。

このように、いろいろな国の選手《せんしゅ》の姿《すがた》を目にすることで、「世界にはわたしと全然《ぜんぜん》ちがう生活をしている人がいるんだ」「日本で暮《く》らすわたしはめぐまれているんだ」と気づいたのです。

## オリンピックに出場後 アメリカで猛勉強《もうべんきょう》

オリンピックに出てメダルを獲得《かくとく》することもひとつの夢《ゆめ》でしたが、「オリンピックの夢《ゆめ》がかなったら、その後《ご》は困《こま》っている人たちを助ける仕事がしたい」とも思うようになりました。

小さいころから新聞を読む習慣《しゅうかん》があり、高校生のときはとくに国際面《こくさいめん》をしっかり読むようにしていました。

高校を卒業《そつぎょう》すると、選手《せんしゅ》として水泳を続《つづ》けながら、国際協力支援《こくさいきょうりょくしえん》について学ぶために、東京《とうきょう》の大学に入学しました。

「いやなことはいやと言いますが、できないとは言わない」と語る井本《いもと》さん。どうしたらできるかを、いつも考えているという。

1996年アトランタオリンピックの日本代表選手《せんしゅ》となり、大会に向けてアメリカで仲間《なかま》と合宿していたときの井本《いもと》さん（中央）。

二十歳《さい》で夢だったオリンピックに出場した後《あと》も、アメリカの大学で水泳と勉強にはげみました。選手《せんしゅ》を引退《いんたい》すると、イギリスで国際平和《こくさいへいわ》についてさらに専門的《せんもんてき》に学びました

とくにアメリカで過《す》ごした日々《ひび》は、スポーツと勉強の両方をがんばることがとても大変《たいへん》でした。でもこの経験《けいけん》から、「初《はじ》めから自分でだめだと決めつけず、工夫《くふう》してやれば何事も達成《たっせい》できる」ということを学びました。

あの日々《ひび》を乗りこえたという自信《じしん》が、それからのわたしをずっと支《ささ》えているのだと思います。

## 他人の長所を探《さが》すとわかる自分の長所と短所

小さいころから、わたしは弱い人の味方だったと思います。

保育園《ほいくえん》のときは、上手におしゃべりできない子といっしょに登園していましたし、小学生のときは休み時間に、仲間《なかま》に入りたくても入れない子たちに声をかけ、いっしょにサッカーをやったりしていました。

そういうところをほめられたうれしさも、いまの職業《しょくぎょう》を選《えら》んだことにつながっているのかもしれません。

長所や短所は、だれもが持っています。自分にどんないいところ、悪いところがあるのか、わからない場合は、友達《ともだち》やきょうだいと、伝《つた》え合ってみるのがいいと思います。「あなたのここがいいところだと思うよ」と言ってみましょう。そうやって、他人の長所を探《さが》すことで、自分の長所や短所に気づくこともあると思います。

「なりたい自分」があるなら、それをめざして、自分のいいところをのばし、変《か》わったほうがいいと思うところを少しずつでも変《か》えていったらいいと思います。

## 話してハッケン！

ソラ：弱い人の味方になるなんて、すごいなあ。

アキ：外国の人のことでも、自分のことのように考えるんだね。

ユイ：やろうと思っても、なかなかできないよね。

よーし！　ぼくも何でもできると思って、世の中のことを考えてみよう！

### 行ってみよう！

©日本ユニセフ協会

**「ユニセフハウス」**

ユニセフの活動や支援現場《しえんげんば》の様子、支援物資《しえんぶっし》のサンプル、世界の子どもたちの暮《く》らしがわかる展示《てんじ》などがあり、施設《しせつ》ではイベントも開かれる。

住所：東京都港区高輪4-6-12

## 井本《いもと》さんからみなさんへ

わたしは、自分がいまできることをコツコツ積《つ》み重ねてきました。特別《とくべつ》、頭がよかったわけではありません。でも、積《つ》み重ねてきたからこそ、いまがあります。みなさんにも、努力《どりょく》を積《つ》み重ねることで自信《じしん》をつけて、努力《どりょく》を武器《ぶき》にしてほしいと思います。

国際《こくさい》NGO《エヌジーオウ》メンバー

# 黒《くろ》﨑《さき》伸《のぶ》子《こ》さん

長所 やると決めたらやり通す

短所 他人にきびしい

# 「あなた自身のすべてを大切にしてほしい」

## 女性《じょせい》だからという理由でくやしい思いを何度も経験《けいけん》

わたしは、自分でやると決めたことは、やりとげるまであきらめない、という思いで生きてきました。子どものころから、この信念《しんねん》は変《か》わっていません。「あなたはそんなことしなくてもいいよ」と言われても、自分がやりたいと思ったことはやりますし、もちろん途中《とちゅう》で投げ出すこともありません。

けれども、やりたいとは思っても、「やめておきなさい」「やめたほうがいい」と言われることもあり、何度も苦い思いをしました。そう言われる理由が、「女性《じょせい》だから」というものだったからです。

中学生のときは「生徒会長《せいとかいちょう》は男子がやるもの」と言われ、女子のわたしは副会長《ふくかいちょう》になりました。また、大学病院《だいがくびょういん》に勤《つと》めていたころは、海外留学《かいがいりゅうがく》を希望《きぼう》しましたが、これも男性医師《だんせいいし》が優先《ゆうせん》され、とてもくやしい思いをしました。

わたしは、幼《おさな》いころから医師《いし》をめざし、大学の医学部に入学しました。当時は、医師《いし》をめざす女性《じょせい》がとても少なく、いろいろな人から、「お医者さんになったら、結婚《けっこん》できなくなるよ」と止められました。それでも、わたしは絶対《ぜったい》に医師《いし》になりたいと思っていたので、信念《しんねん》を曲げず、医師《いし》になる夢《ゆめ》を実現《じつげん》したのです。

## 自分にきびしく他人にもきびしかった

「女性《じょせい》だから」という理由で、わたしの意思や考えをちゃんと聞いてもらえないのはいやだったので、男性《だんせい》が優先《ゆうせん》されそうな場では、相手が反論《はんろん》できないくらい、はっきりと意見を言ってきました。また、「女のくせに……」といやがらせを受けたくもなかったので、わたしは絶対《ぜったい》にまちがったことをしないように気をつけていました。

### プロフィール

1957年長崎県《ながさきけん》生まれ。外科医《げかい》。黒﨑医院《くろさきいいん》院長《いんちょう》。2001年より、『国境《こっきょう》なき医師団《いしだん》※』に参加《さんか》し、計11か国に派遣《はけん》される。現在《げんざい》は『国境《こっきょう》なき医師団《いしだん》日本』の監事《かんじ》として、より多くの日本人が現場《げんば》で活動できるように支援《しえん》している。

手術中《しゅじゅつちゅう》の黒﨑《くろさき》さん。医師《いし》になることは、同じく医師《いし》だったお父さんのことを見て、子どものころから決めていたという。

※国境《こっきょう》なき医師団《いしだん》……世界各地《かくち》の紛争地《ふんそうち》や自然災害《しぜんさいがい》の被災地《ひさいち》などで、医療《いりょう》を提供《ていきょう》したり、人間らしい生き方ができるように援助《えんじょ》したりする国際的《こくさいてき》な非営利組織《ひえいりそしき》（国際《こくさい》NGO）。

そのように自分にきびしくしていたので、まわりの人にもきびしくなっていたかもしれません。「男性《だんせい》に負けたくない」という気持ちが強かったため、とくに男性《だんせい》に対しては、きびしい接《せっ》し方になっていたと思います。

まわりの人は、わたしを相当な頑固《がんこ》者《もの》だと思っていたことでしょう。わたしの言葉で不《ふ》ゆかいな思いをした人も、いたと思います。

## 『国境《こっきょう》なき医師団《いしだん》』に入り価値《かち》観《かん》が変《か》わった

でも『国境《こっきょう》なき医師団《いしだん》』に入ってからは、男性《だんせい》への対抗意識《たいこういしき》みたいなものはなくなりました。『国境《こっきょう》なき医師団《いしだん》』は、戦争《せんそう》や災害《さいがい》、貧《まず》しさなどの理由で医者にかかれない人たちのところへ行きます。そこで、世界のさまざまな地《ち》域《いき》の人々《ひとびと》と接《せっ》しているうちに、人として一人ひとりが一生懸命《いっしょうけんめい》生きていることに、あらためて気づかされたのです。すると、わたし自身の「人生で大事なこと」も変《か》わっていきました。

「一生懸命《いっしょうけんめい》生きる人たちの役に立てること」や「人と人との心のつながり」が、わたしにとって一番大事なことだと思えるようになったのです。

それまでのわたしがつねに思っていた、「世の中に認《みと》められたい、えらくなりたい、そのために男性《だんせい》と張《は》り合って勝たなきゃ！」という気持ちは、どんどんなくなっていきました。そして、女性《じょせい》と男性《だんせい》は敵《てき》ではなく、いっしょにいい世の中をつくるための仲間《なかま》だと思えるようになったのです。

わたしの人生の価値観《かちかん》を大きく変《か》えた『国境《こっきょう》なき医師団《いしだん》』では、よく言われる言葉があります。

「早く行きたいなら一人で行け。遠くまで行きたいならみんなで行け。」

わたしはこの言葉と出会い、「力を

最初《さいしょ》に派遣《はけん》された、スリランカの避難民《ひなんみん》キャンプ※で子どもといっしょの黒崎《くろさき》さん。スリランカではこれまでの自分の価値観《かちかん》と向き合う、大きな経験《けいけん》をしたという。

「むかしは、男に生まれたかったと思っていました。でも女性《じょせい》を理解《りかい》できるのは女性《じょせい》だけ。いまは、女性《じょせい》でよかったと思っています」と語る黒崎《くろさき》さん。

※避難民《ひなんみん》キャンプ……紛争《ふんそう》などをのがれてきた国内避難民《こくないひなんみん》が集まって生活している場所。

合わせてこそ、よりよい結果《けっか》が出せる」と思うようになり、仲間《なかま》を大切にすることを心がけるようになりました。

## がんばりすぎないことで見えることもある

『国境《こっきょう》なき医師団《いしだん》』では、世界のさまざまな国のスタッフたちといっしょに仕事をします。日本で生まれ育ったわたしと、ほかの国の人たちとでは、仕事や人に対する考え方がちがうなあ、と思うこともよくあります。

日本人は「真面目《まじめ》で、よくがんばる」と国際的《こくさいてき》に評価《ひょうか》されることがあります。でも逆《ぎゃく》に、日本人は「がんばりすぎる」と、マイナスの評価《ひょうか》を受けることもあるのです。

たとえば、派遣《はけん》された紛争地《ふんそうち》で「たくさんの人を助けるぞ」とやる気にあふれていても、実際《じっさい》に行ってみたら、思っていたほど患者《かんじゃ》さんが来なかったり、何日も手術《しゅじゅつ》の予定がなかったりするときもあります。

わたしも最初《さいしょ》はすごく戸惑《とまど》いました。やることがなく、「自分は何のために来たのか」と、がんばっていない自分に落ちこんだこともありました。

でも、がんばらなくていい日々《ひび》を過《す》ごすうちに、心に余裕《よゆう》が生まれ、いろいろなものが見えるようになりました。大きな夕焼《ゆうや》けや砂漠《さばく》に咲《さ》いた花などを見て感動したり、人の気持ちを想《そう》像《ぞう》してみたり……。そうしているうち、自分には目の前のことしか見えていなかったことに気がついたのです。

わたしはさまざまな経験《けいけん》を通して、価値観《かちかん》や考え方が変《か》わりました。みなさんもこれからいろいろな経験《けいけん》をして、多くの人と出会うことでしょう。自分の知らなかった一面も出てくるはずです。それもあなたの個性《こせい》です。あなた自身のすべてを大切にしてください。

### 話してハッケン！

ユイ：まわりに反対されてもやり通すってところが、かっこいいね！

アキ：うん。わたしだったら、あきらめちゃうかもしれない。

ユイ：確《たし》かに。アキちゃんは、あんまりむちゃなことしなさそう。

アキ：いやいや！　本当はやってみたくても言えなかっただけだよ。今日からは挑戦《ちょうせん》するよ！

### 読んでみよう！

『妹は3歳《さい》、村にお医者さんがいてくれたなら。』

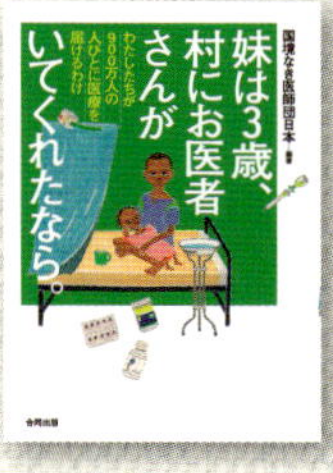

国境《こっきょう》なき医師団《いしだん》の日本人スタッフが体験《たいけん》した、医療援助《いりょうえんじょ》の実《じっ》態《たい》がつづられた本。世界には必《ひつ》要《よう》な医療《いりょう》を受けられない人々《ひとびと》がいることを伝《つた》える。

国境なき医師団日本 著／合同出版

### 黒﨑《くろさき》さんからみなさんへ

いまの世の中には、男性《だんせい》にしかできない仕事、女《じょ》性《せい》にしかできない仕事、というものはありません。ですから、みなさんには、「自分は女だから（男だから）」という理由で、夢《ゆめ》をあきらめないでほしいと思います。

獣医師《じゅういし》

# 徳《とく》田《だ》竜《りゅう》之《の》介《すけ》さん

長所 目標《もくひょう》に向かってまっすぐ！

短所 協調性《きょうちょうせい》がない

# 「短所が多いほうが人間としては魅力的《みりょくてき》」

## 短所のかたまりみたいな子ども時代

子どものころは、学校で、かなり目立つ子だったと思います。友達《ともだち》を笑《わら》わせるのが好《す》きで、いつも自分が中心でないといやでした。授業中《じゅぎょうちゅう》も、「はい、はい、はい、はい！」と手をあげていました。積極的《せっきょくてき》とも言えますが、うるさかっただけかもしれません。家ではわがままで、よく駄々《だだ》をこねていました。大人から見たら、あまりいい子ではなかったでしょうね。

わたしは、短所のかたまりみたいな子どもでした。でも、短所があるということは、とても大切なことだと思っています。短所は、人とはちがう、その人ならではの特徴《とくちょう》です。見方を変《か》えれば、短所こそが、その人の光る部分なのではないでしょうか。

## 世の中を変《か》えるのは常識《じょうしき》外れな個性《こせい》の持ち主

短所が目立つ人は、常識《じょうしき》から外れたことを考えています。もちろん、だれかが困《こま》ったり、いやがったりすることをしてはいけませんが、常識《じょうしき》外れな個《こ》性《せい》を持った人の行動が、よい方向に向かえば、その人は世の中を変《か》える人になれるでしょう。わたしは個性《こせい》について、そのように考えています。

ただし、一人で世の中を変《か》えることはできません。だから、わがままなだけではだめです。世の中に新しい考えを広めたり、根づかせたりするためには、まわりの人たちと足並《あしな》みをそろえることも必要《ひつよう》です。いくら自分が正しいと思っていても、まわりから相手にされなかったら、意見も通せません。「あの人は変《か》わっている。でもあの人のアイディアは、みんなを幸せにする」と思ってもらえるような変《か》わり者がどんどん育つと、もっとおもしろい社会になるでしょう。

### プロフィール

1961年鹿児島県《かごしまけん》生まれ。獣医師《じゅういし》。自分で開業した熊本県熊本市《くまもとけんくまもとし》の竜之介動物病院《りゅうのすけどうぶつびょういん》で、年中無休《むきゅう》、24時間対応《たいおう》の診察《しんさつ》を行っている。同じ建物内《たてものない》には動物看護士《どうぶつかんごし》のための専門学校《せんもんがっこう》やペットショップが併設《へいせつ》されている。

猫《ねこ》の避妊《ひにん》・去勢手術《きょせいしゅじゅつ》をする徳田《とくだ》さん。専門学校《せんもんがっこう》の学生たちに手《しゅ》術《じゅつ》の方法《ほうほう》を教えている。

## 強く思いこむことで その人の行動が変《か》わる

わたしが子どものころは、動物のお医者さんはめずらしい存在《そんざい》でした。「犬や猫《ねこ》に手術《しゅじゅつ》や点滴《てんてき》をするなんて、おかしいよ」という考えの人がほとんどで、動物の命が、人間よりずっと軽く見られていた時代です。まわりに獣《じゅう》医師《いし》をめざしている人は、一人もいませんでした。ですが、わたしの両親は動物が好《す》きで、たくさんの犬を家の中で飼《か》っていました。

父は、人間のお医者さんです。父にあこがれていたわたしは、いつも父のようになりたいと思っていました。ですから、飼《か》っている犬の具合が気になるたびに、父のまねごとのように診察《しんさつ》をしました。父は医者として、子どものわたしにも、きちんとアドバイスをしてくれましたし、母も動物の世話のしかたを何でも教えてくれました。

そうしているうちに、わたしは自然《しぜん》と、「自分はもうすでに動物のお医者さんなんだ。このまま将来《しょうらい》も獣医《じゅうい》になる」と思いこむようになりました。

お年寄《としよ》りや学校を慰問《いもん》するセラピー猫《ねこ》のベントレー君（オス、1歳《さい》半）と、病院の診察台《しんさつだい》で。

そう強く思っていると、ふるまいや考え方もそれっぽくなります。友達《ともだち》にも、「動物のことなら、徳《とく》ちゃんに聞こう」と言われるようになりました。大学生になると、インターネットで動物の相談所のようなものを開設《かいせつ》しました。自分でも勉強しながら、さまざまな人の動物の病気や飼育方法《しいくほうほう》の相談に乗るようになっていました。

## 被災《ひさい》した動物のために 病院や学校を開放

獣医師《じゅういし》になれたから、目標《もくひょう》をクリアできたというわけではありません。わたしがめざしているのは、「人間と動物の命の重さは同じ」という考え方を、もっと世の中に根づかせることです。ペットは人間のおもちゃや道具ではありません。どんな動物も、かけがえのない命です。

二〇一六年、わたしの住んでいる熊《くま》本《もと》で大きな地震《じしん》が起きました。被災《ひさい》したのは人間だけではありません、動物も同じように被災《ひさい》し、傷《きず》つきました。わたしが、自分の病院と併設《へいせつ》する専門《せんもん》学校《がっこう》を、「ペットといっしょに過《す》ごせる避難所《ひなんじょ》」として地域《ちいき》に開放したのは、そうした考えがあったからです。

## なりたい自分に なりきってしまえばいい

ここまで読んで、みなさんはわたしのことを、どう思ったでしょうか。「変《か》わったやつだなあ」と思ったかもしれません。でも、わたしが獣医師《じゅういし》になれたのは、目標《もくひょう》をまっすぐに追いかけてきたからです。ですから、少しだけまわりの人とちがっていたとしても、「自分はこうなりたい」と、強く思うことをおすすめします。「なれるかなれないか」「なれなかったらどうしよう」なんて、考える必要《ひつよう》はありません。まずは、「なりきって」しまえばいいと思います。

## 問題を乗りこえる経験《けいけん》が 好《す》きや楽しいを強くする

また、夢《ゆめ》や目標《もくひょう》は、途中《とちゅう》で変《か》わってもいいと思います。「一度決めたらあきらめちゃだめだ」なんて思っていたら、何になりたいかは、なかなか決められません。好《す》きなことを一生懸命《いっしょうけんめい》、思いっきりやってみて、どうしても続《つづ》けられなくなったり、もっと夢中《むちゅう》になれるものが見つかったりしたら、また新しいものにのめりこめばいいのです。

ただし、すぐにあきらめてしまうのはもったいないですね。まずはのめりこんで、本気でやることが大事です。うまくいかないときは、「どうすればうまくいくか」を考えてみましょう。工夫《くふう》したり、だれかに相談するのもいいでしょう。そうやって、問題を乗りこえる経験《けいけん》をすると、大好《だいす》きなことがもっと好《す》きになり、楽しくなります。獣医師《じゅういし》になって約《やく》三十年たちますが、壁《かべ》を乗りこえるたびに、人生がもっと楽しくなります。仕事が楽しくてしかたないのも、わたしの長所かもしれませんね。

## 話してハッケン！

アキ：徳田《とくだ》さんって、ちょっとソラくんと似《に》てるかもね。授業中《じゅぎょうちゅう》、うるさいところとか。

ソラ：なーんだ。動物にやさしいところかと思ったよ。

トモ：あはは。でもぼくは、ソラくんの積極的《せっきょくてき》なところとか、明るいところとか、うらやましいよ。

ソラ：クラスがしーんとしてるより、楽しいだろっ？　目標《もくひょう》は、みんなを笑《わら》わせるお笑《わら》い芸人《げいにん》だ！

アキ：そっかあ。ソラくんの能天気《のうてんき》なところって、長所だったんだね！

## 徳田《とくだ》さんから みなさんへ

みなさんは動物を飼《か》っていますか。動物を飼《か》うと、命をいたわる心や、何かを守る自立心が育ちます。また、「犬と猫《ねこ》なら犬が好《す》き」という犬派《いぬは》の人は猫好《ねこず》きな人に、猫派《ねこは》の人は犬好《いぬず》きな人に、その気持ちを聞いてみてください。自分とはちがう考えの人を尊重《そんちょう》するチャンスですよ。

樹木医《じゅもくい》

# 和《わ》田《だ》博《ひろ》幸《ゆき》さん

長所 地道にコツコツやる

短所 のんびり屋

# 「性格《せいかく》は必要《ひつよう》に応《おう》じて自然《しぜん》と変《か》わるもの」

## 木の悪いところを観察《かんさつ》によって見つける

わたしは日本花《にほんはな》の会《かい》に勤《つと》める樹木《じゅもく》※医《い》、「木のお医者さん」です。病気になったり弱ったりした木を、元気にするのが仕事です。ただし、木は人間とちがって、どこが痛《いた》くてどう調子が悪いのか、言葉で伝《つた》えてはくれません。

だから、樹木医《じゅもくい》が木をよく観察《かんさつ》して、専門的《せんもんてき》な方法《ほうほう》を使って元気になるように治療《ちりょう》をします。

治療《ちりょう》をする木は、街路樹《がいろじゅ》や公園の木など、人間が身近にかかわる木が多いですね。その地域《ちいき》の人や、管理《かんり》をする人たちから連絡《れんらく》を受けると、現場《げんば》へ行きます。そして枝葉《えだは》の様子、葉の大きさや量《りょう》、色、その年にのびた枝《えだ》の長さなど、いろいろな観点《かんてん》から調べて、悪いところを見つけます。

また、天然記念物《てんねんきねんぶつ》に指定されている名木《めいぼく》などを治療《ちりょう》した後は、定期的《ていきてき》な観《かん》察《さつ》もします。「木《き》の定期健康診断《ていきけんこうしんだん》」といえるかもしれません。

## コツコツやるけれど完璧《かんぺき》はめざさない

わたしの長所は、物事に「地道にコツコツ」取り組むという点です。日本《にほん》花《はな》の会《かい》に入ったきっかけも、「地道な草むしり」でした。大学で、わたしは「植物愛好会《しょくぶつあいこうかい》」というサークルに入りました。植物愛好会《しょくぶつあいこうかい》では、メンバーがアルバイトとして、日本花《にほんはな》の会会《かい》長の自宅《じたく》の庭の草むしりをしていました。

草むしりは簡単《かんたん》に見えますが、「むしる草」と「残《のこ》す草」を見極《みきわ》めるのが重要《じゅうよう》です。むしる草は、根ごと引き抜《ぬ》きます。葉だけちぎっても、またすぐにのびてくるからです。一つひとつていねいに抜《ぬ》かなければなりません。そんな地道な作業を認《みと》めてもらえたのか、わたしは会長から日本花《にほんはな》の会《かい》に入らないかと声をかけてもらいました。

## ★プロフィール★

1961年群馬県《ぐんまけん》生まれ。樹木医《じゅもくい》。公益財《こうえきざい》団法人《だんほうじん》日本花《にほんはな》の会主幹研究員《かいしゅかんけんきゅういん》、日本樹木《にほんじゅもく》医会広報部会長《いかいこうほうぶかいちょう》。弱った樹木《じゅもく》を回復《かいふく》させるほか、桜《さくら》の名所づくり、花のまちづくりに力を尽《つ》くしている。身近な植物の大切さや自然《しぜん》との共生《きょうせい》を多くの人に伝《つた》える。

枝《えだ》を触《さわ》って、木の様子を見る和田《わだ》さん。日本各地《かくち》に出向いて、さまざまな木の治療《ちりょう》をしている。

※樹木医《じゅもくい》……樹木医《じゅもくい》の制度《せいど》ができたのは1991年。2018年までで約《やく》2700名が樹木医《じゅもくい》として認定《にんてい》されている。

ただし地道にコツコツといっても、完璧《かんぺき》をめざすと、気持ちがつらくなりがちです。ほどよいところで手を打つタイミングがわかるのが、わたしの長所だと思います。

山高神代桜《やまたかじんだいざくら》の治療《ちりょう》について語る和田《わだ》さん。桜《さくら》の根や枝葉《えだは》、まわりの環境《かんきょう》をよく観察《かんさつ》したという。

## 木の治療《ちりょう》にはチームを組んであたる

お医者さんというと、一人で仕事をしているところを想像《そうぞう》する人もいるかもしれません。でも、実際《じっさい》はそうではなく、チームを組んで治療《ちりょう》します。たとえば、山梨県《やまなしけん》の山高神代桜《やまたかじんだいざくら》を治療《ちりょう》したときは、十名ほどのチームでした。

この桜《さくら》は、日本三大桜《にほんさんだいざくら》※のひとつに数えられる天然記念物《てんねんきねんぶつ》で、樹齢《じゅれい》二千年ともいわれます。ところが、これがおとろえてきたのです。調べに行ったところ、根が病気になり、くさり始めていました。神代桜《じんだいざくら》のまわりの環境《かんきょう》が、変《か》わってきたためなのでしょう。

木にとって、もっとも重要《じゅうよう》なのは土です。土にはたくさんの微生物《びせいぶつ》が住んでいます。木の近くの小川や道などが変化《へんか》すると、微生物《びせいぶつ》まで変《か》わります。すると根がそれまでと同じようには働《はたら》けなくなってしまうのです。人間のおなかのなかで菌《きん》のバランスがくずれると、調子が悪くなるのに似《に》ています。

神代桜《じんだいざくら》のために、木の病気の専門家《せんもんか》や土の専門家《せんもんか》、微生物《びせいぶつ》の専門家《せんもんか》らを集めたチームをつくりました。わたしはそのチームのまとめ役です。木の治療《ちりょう》方法《ほうほう》から工事の計画立てまで、さまざまな課題《かだい》に取り組みました。地道にコツコツと、回復工事《かいふくこうじ》は四年にもおよびました。土を少しずつ入れかえていき、見事な桜《さくら》の花が復活《ふっかつ》したのは、感動的《かんどうてき》でした。

樹木医《じゅもくい》が持ち歩く大事な仕事道具。左から木槌《きづち》、手袋《てぶくろ》、鋼棒《はがねぼう》、方位磁石《ほういじしゃく》、剪定鋏《せんていばさみ》、デジカメ、単眼鏡《たんがんきょう》、小型《こがた》スコップ、メジャー。

※日本三大桜《にほんさんだいざくら》……根尾谷淡墨桜《ねおだにうすずみざくら》（岐阜県《ぎふけん》）、山高神代桜《やまたかじんだいざくら》（山梨県《やまなしけん》）、三春滝桜《みはるたきざくら》（福島県《ふくしまけん》）。

## 「人任《ひとまか》せ」でみんなの個性《こせい》をいかす

ひとつの仕事をやりとげるには、ときには「完璧《かんぺき》をめざさない」ことも重要《じゅうよう》です。地道な作業に神経《しんけい》を使いすぎると、精神的《せいしんてき》に追いこまれやすくなります。一般的《いっぱんてき》には短所に見られやすいわたしのほどほどさは、仕事では、長所になっています。

わたしは、「人任《ひとまか》せ」でもあります。これも短所のように聞こえる言葉ですが、人任《ひとまか》せはよいことだと思っています。自分だけの知識《ちしき》では不十分《ふじゅうぶん》ですし、一人でできることは限《かぎ》られています。人にたのんで、自分の足りないところを助けてもらったり、協力《きょうりょく》し合うほうが、よりよい結果《けっか》になると思います。自由な意見を集めて、仕事を柔軟《じゅうなん》に動かすことが大事なのです。人にたのむと、その人の個性《こせい》もいかされますね。そういう意味でも、チームで木の治療《ちりょう》にあたることは大切だと思います。

子どものころは、引っこみ思案《じあん》でおとなしい性格《せいかく》でしたが、いまは人前に出るのも仕事です。樹木医《じゅもくい》として、「桜《さくら》の名所づくり」や「花のまちづくり」をしているので、講演《こうえん》をしたり、大勢《おおぜい》の前で話したりする機会《きかい》も多くあります。話が整理されていてわかりやすい、と言われることもあるほどで、性格《せいかく》は必要《ひつよう》に応《おう》じて、自然《しぜん》と変《か》わるものだなと実感しています。

わたしの一番の短所は、のんびりしているところですね。やらなければならないことがあっても、ぎりぎりになるまでやらないクセがあります。宿題をためこんでしまう性格《せいかく》なのです。これだけは、わかっていてもなおせません。でも、長所の「コツコツ」をいかして、短所をカバーしながら、ひとつずつやりとげていこうと思います。

### 話してハッケン！

トモ：何年もかけて木の治療《ちりょう》をするなんて知らなかった。

ユイ：何でも早くすればいいってわけじゃないんだね。わたしだったら、じれったくなっちゃいそう。

アキ：コツコツできる人って、絶対《ぜったい》待つことも得意《とくい》で、がまん強い人なんだと思うな！

### 読んでみよう！

『木のお医者さんになってみよう！』

木を診断《しんだん》する前に必要《ひつよう》な豆知《まめち》識《しき》から診断方法《しんだんほうほう》までをわかりやすく解説《かいせつ》した冊子《さっし》。巻末《かんまつ》の「ミニ診断《しんだん》カルテ」を使えば、木の健康状態《けんこうじょうたい》もわかる。

日本樹木医会

### 和田《わだ》さんからみなさんへ

いまでも、草むしりは好《す》きなことのひとつです。植物でも動物でも、生き物とつきあうのはとても楽しいこと。草花や、虫、鳥のかかわり方を観察《かんさつ》するのはおもしろいですね。自然《しぜん》と人に対してもやさしい気持ちになれる気がします。

長所・短所を見つけよう！

# 性格《せいかく》や特徴《とくちょう》を表す言葉・表現《ひょうげん》⑤

個性《こせい》や人の特徴《とくちょう》を表す言葉・表現《ひょうげん》は、たくさんあります。自分や友達《ともだち》の長所・短所を考えたり、物語の登場人物の性格《せいかく》を考えたりする際《さい》に、参考《さんこう》にしてみましょう。

## ま

舞《ま》い上がる
マイペース
前向き
曲がったことがきらい
負けずぎらい
負けん気が強い
真面目《まじめ》
ませている
まだるっこい
まっとうする
まとめ役
マニアック
まめ
迷《まよ》いが多い
まるい
まわりが見えない
回りくどい

## み

見栄《みえ》っぱり
身勝手
身が入らない
身構《みがま》える
水くさい
見過《みす》ごせない
見て見ぬふりをしない
身のほど知らず
みみっちい
魅力的《みりょくてき》
未練《みれん》がましい
身を粉《こ》にする
身を尽《つ》くす
民主的《みんしゅてき》

## む

ムードメーカー
昔気質《むかしかたぎ》
むかむかする
無関心《むかんしん》
むきになる
無垢《むく》
無口《むくち》
むくれる
無計画《むけいかく》
向こう見ず
虫がいい
無邪気《むじゃき》
矛盾《むじゅん》のない
無神経《むしんけい》
無心《むしん》でとりくむ
無責任《むせきにん》
夢想家《むそうか》
むだ口をたたく
むだづかいする
夢中《むちゅう》になる
無頓着《むとんちゃく》
無表情《むひょうじょう》
無分別《むふんべつ》
無謀《むぼう》
無欲《むよく》
無理押《むりお》しする
無理解《むりかい》
無理《むり》やり
群《む》れない

## め

迷信家《めいしんか》
命令的《めいれいてき》
迷惑《めいわく》をかける
目が利《き》く
目がくらむ
めげない
目ざとい
めずらしい
めそめそする
目立ちたがり
めりはりがある
面倒《めんどう》くさがり
面倒見《めんどうみ》がいい
綿密《めんみつ》

## も

妄想家《もうそうか》
燃《も》える
目的意識《もくてきいしき》を持つ
目標《もくひょう》を立てる
モチベーションが高い
物怖《ものお》じしない
物思いにふける
ものぐさ
物腰《ものごし》が柔《やわ》らかい
物好《ものごの》みする
物知らず
物好《ものず》き
物に当たる
物わかりがよい
物忘《ものわす》れが多い
模範的《もはんてき》
モラルがない
盛《も》り上げ上手
もり立てる
もろい
文句《もんく》が多い
問題意識《もんだいいしき》を持つ

## や

やかましい
やきもち焼《や》き
約束《やくそく》を守る
役立たず
やけになる
やさぐれる
やさしい

※46～47ページは、自由にコピーしてお使いいただけます。あ行は1巻《かん》「スポーツで輝《かがや》く」に、か行は2巻《かん》「未来《みらい》をつくる」に、さ行は3巻《かん》「人を楽しませる」に、た行からは行は4巻《かん》「伝統《でんとう》に生きる」に掲載《けいさい》しております。

野次馬根性《やじうまこんじょう》がある
安うけ合いする
安らか
野性的《やせいてき》
やせ我慢《がまん》する
八つ当たりする
厄介《やっかい》
躍起《やっき》になる
破《やぶ》れかぶれ
野暮《やぼ》ったい
やりくり上手
やりたい放題
やり手
やり通す
やりとげる
柔《やわ》らかい
やんちゃ

## ゆ

唯一無二《ゆいいつむに》
友愛的《ゆうあいてき》
有意義《ゆういぎ》に考える
憂《ゆう》うつ
優越感《ゆうえつかん》
勇敢《ゆうかん》
勇気《ゆうき》がある
有言実行《ゆうげんじっこう》
優柔不断《ゆうじゅうふだん》
友情《ゆうじょう》を大切にする
悠然《ゆうぜん》
勇壮《ゆうそう》
悠長《ゆうちょう》に構《かま》える
融通《ゆうずう》がきかない
雄弁《ゆうべん》
ユーモアがある
勇猛果敢《ゆうもうかかん》
悠々閑々《ゆうゆうかんかん》
行き当たりばったり
譲《ゆず》り合える
油断《ゆだん》する
ユニーク
夢見《ゆめみ》がち
ゆるい

## よ

用意周到《よういしゅうとう》
陽気
容赦《ようしゃ》がない
用心深い
幼稚《ようち》
要領《ようりょう》がいい
要領《ようりょう》を得《え》ない
よく気がつく
抑制的《よくせいてき》
欲張《よくば》り
欲深《よくぶか》い
弱気《よわき》
弱音を吐《は》く
弱虫

## ら

楽天家
楽天的《らくてんてき》
楽をする
楽観的《らっかんてき》
乱暴《らんぼう》

## り

リアリスト
リーダーシップがある
理解力がある
力む
理屈《りくつ》っぽい
利口《りこう》
利口《りこう》ぶる
利己的《りこてき》
理性的《りせいてき》
理想が高い
理想主義《しゅぎ》
利他的《りたてき》
律儀《りちぎ》
理知的《りちてき》
理詰《りづ》め
利《り》に走る
利発《りはつ》
リフレッシュできない
流行にうとい
良識《りょうしき》がある
良心的《りょうしんてき》
理論的《りろんてき》
臨機応変《りんきおうへん》
凛《りん》とした
倫理的《りんりてき》

## る

涙腺《るいせん》がゆるい
ルーズ
ルールを守る

## れ

礼儀《れいぎ》正しい
冷血《れいけつ》
冷静《れいせい》
冷淡《れいたん》
冷徹《れいてつ》
劣等感《れっとうかん》が強い
恋愛《れんあい》べた
連帯感《れんたいかん》が強い

## ろ

ロマンチスト
論理的《ろんりてき》

## わ

若《わか》い
わがまま
脇《わき》が甘《あま》い
枠《わく》にはまらない
分け隔《へだ》てない
わざとらしい
わずらわしい
忘《わす》れっぽい
忘《わす》れ物が多い
わだかまりがない
笑《わら》い上戸《じょうご》
笑《わら》わせるのがうまい
悪あがきをする
悪賢《わるがしこ》い
悪口いい
悪知恵《わるぢえ》が働《はたら》く
悪ふざけが過《す》ぎる

## このシリーズに登場する人の人物名五十音順《ごじゅうおんじゅん》さくいん


あ

阿萬野《あまの》礼央《れお》さん ↓5巻 18ページ
荒木《あらき》哲郎《てつろう》さん ↓3巻 18ページ
井桁《いげた》容子《ようこ》さん ↓5巻 14ページ
石川《いしかわ》祐希《ゆうき》さん ↓1巻 14ページ
磯野《いその》謙《けん》さん ↓2巻 34ページ
伊藤《いとう》博之《ひろゆき》さん ↓2巻 18ページ
井本《いもと》直歩子《なおこ》さん ↓5巻 30ページ
井山《いやま》裕太《ゆうた》さん ↓4巻 6ページ
植田《うえた》育也《いくや》さん ↓5巻 6ページ
大神《おおが》雄子《ゆうこ》さん ↓1巻 38ページ
大久保《おおくぼ》有加《ゆか》さん ↓4巻 30ページ
大前《おおまえ》光市《こういち》さん ↓3巻 26ページ
小川《おがわ》三夫《みつお》さん ↓4巻 42ページ
尾上《おのえ》松也《まつや》さん ↓4巻 22ページ

か

垣内《かきうち》俊哉《としや》さん ↓2巻 22ページ
柏原《かしわばら》竜二《りゅうじ》さん ↓1巻 26ページ
片桐《かたぎり》はいりさん ↓3巻 30ページ
加藤《かとう》祐一《ゆういち》さん ↓5巻 22ページ
上川《かみかわ》あやさん ↓2巻 26ページ
川上《かわかみ》和人《かずと》さん ↓2巻 42ページ
木村《きむら》敬一《けいいち》さん ↓1巻 22ページ
倉橋《くらはし》香衣《かえ》さん ↓1巻 30ページ
栗山《くりやま》英樹《ひでき》さん ↓1巻 6ページ
黒﨑《くろさき》伸子《のぶこ》さん ↓5巻 34ページ
小岩井《こいわい》カリナさん ↓4巻 34ページ

さ

里見《さとみ》香奈《かな》さん ↓4巻 10ページ
志村《しむら》洋子《ようこ》さん ↓4巻 38ページ
末次《すえつぐ》由紀《ゆき》さん ↓3巻 10ページ
妹島《せじま》和世《かずよ》さん ↓2巻 30ページ

た

髙梨《たかなし》沙羅《さら》さん ↓1巻 10ページ
高橋《たかはし》智隆《ともたか》さん ↓2巻 10ページ
立川《たてかわ》志らく《しらく》さん ↓4巻 26ページ
田中《たなか》佑典《ゆうすけ》さん ↓1巻 18ページ
田村《たむら》恵子《けいこ》さん ↓5巻 10ページ
千野《ちの》麻里子《まりこ》さん ↓4巻 18ページ
塚田《つかだ》真希《まき》さん ↓1巻 42ページ
津森《つもり》千里《ちさと》さん ↓3巻 38ページ
徳田《とくだ》竜之介《りゅうのすけ》さん ↓5巻 38ページ

な

中西《なかにし》和嘉《わか》さん ↓2巻 14ページ
根本《ねもと》かおるさん ↓5巻 26ページ

は

日野之彦《ひのこれひこ》さん ↓3巻 42ページ
ヒャダインさん ↓3巻 6ページ
廣瀬《ひろせ》隆喜《たかゆき》さん ↓1巻 34ページ
広津《ひろつ》崇亮《たかあき》さん ↓2巻 38ページ
ぺえさん ↓3巻 22ページ

ま

御園井《みそのい》裕子《ゆうこ》さん ↓4巻 14ページ
三ツ橋《みつはし》敬子《けいこ》さん ↓3巻 14ページ
南海《みなみ》音子《ねこ》さん ↓2巻 6ページ

や

山口《やまぐち》勝平《かっぺい》さん ↓3巻 34ページ

わ

和田《わだ》博幸《ひろゆき》さん ↓5巻 42ページ


## このシリーズに登場する人の職業名五十音順《ごじゅうおんじゅん》さくいん


あ

アニメーション監督《かんとく》 ↓3巻 18ページ
囲碁棋士《いごきし》 ↓4巻 6ページ
ウィルチェアーラグビー選手《せんしゅ》 ↓1巻 30ページ
織物職人《おりものしょくにん》 ↓4巻 34ページ
音楽クリエイター ↓3巻 6ページ

か

画家 ↓3巻 42ページ
化学者 ↓2巻 14ページ
花道家《かどうか》 ↓4巻 30ページ
歌舞伎俳優《かぶきはいゆう》 ↓4巻 22ページ
看護師《かんごし》 ↓5巻 10ページ
機動救難士《きどうきゅうなんし》 ↓5巻 18ページ
経営者《けいえいしゃ》 ↓2巻 22ページ
建築家《けんちくか》 ↓2巻 30ページ

さ

国際《こくさい》NGO《エヌジーオウ》メンバー ↓5巻 34ページ
国連職員《こくれんしょくいん》 ↓5巻 26ページ
指揮者《しきしゃ》 ↓3巻 14ページ
自然《しぜん》エネルギー開発《かいはつ》 ↓2巻 34ページ
実業家 ↓2巻 18ページ
獣医師《じゅういし》 ↓5巻 38ページ
柔道家《じゅうどうか》 ↓1巻 42ページ
樹木医《じゅもくい》 ↓5巻 42ページ
小児科医師《しょうにかいし》 ↓5巻 6ページ
女流棋士《じょりゅうきし》 ↓4巻 10ページ
スキージャンプ選手《せんしゅ》 ↓1巻 10ページ
声優《せいゆう》 ↓3巻 34ページ
染織家《せんしょくか》 ↓4巻 38ページ

た

体操選手《たいそうせんしゅ》 ↓1巻 18ページ
タレント ↓3巻 22ページ
ダンサー ↓3巻 26ページ
地方議員《ちほうぎいん》 ↓2巻 26ページ
鳥類学者《ちょうるいがくしゃ》 ↓2巻 42ページ
杜氏《とうじ》 ↓4巻 18ページ

は

ハイパーレスキュー隊員《たいいん》 ↓5巻 22ページ
俳優《はいゆう》 ↓3巻 30ページ
パラ水泳選手《せんしゅ》 ↓1巻 22ページ
ファッションデザイナー ↓3巻 38ページ
プロバレーボール選手《せんしゅ》 ↓1巻 14ページ
プロ野球監督《かんとく》 ↓1巻 6ページ
ボッチャ選手《せんしゅ》 ↓1巻 34ページ

ま

マンガ家 ↓3巻 10ページ
宮大工《みやだいく》棟梁《とうりょう》 ↓4巻 42ページ
元プロバスケットボール選手《せんしゅ》 ↓1巻 38ページ
元保育士《ほいくし》 ↓5巻 14ページ
元陸上競技選手《りくじょうきょうぎせんしゅ》 ↓1巻 26ページ

や

ユニセフ職員《しょくいん》 ↓5巻 30ページ

ら

落語家《らくごか》 ↓4巻 26ページ
理学博士《りがくはくし》 ↓2巻 38ページ
ロケット開発者 ↓2巻 6ページ
ロボットクリエイター ↓2巻 10ページ

わ

和菓子職人《わがししょくにん》 ↓4巻 14ページ

**監修 田沼 茂紀**（たぬま・しげき）

新潟県生まれ。上越教育大学大学院学校教育研究科修了。國學院大學人間開発学部長。専攻は道徳教育、教育カリキュラム論。川崎市公立学校教諭を経て、高知大学教育学部助教授、同学部教授、同学部附属教育実践総合センター長。2009年より國學院大學人間開発学部初等教育学科教授。2017年4月より現職。日本道徳教育学会理事、日本道徳教育方法学会理事、日本道徳教育学会神奈川支部長。

おもな単著、『心の教育と特別活動』、『道徳科で育む21世紀型道徳力』（いずれも北樹出版）。

その他の編著、『やってみよう！新しい道徳授業』（学研教育みらい）、『「特別の教科道徳」授業＆評価完全ガイド』（明治図書出版）、『道徳科授業のつくり方』（東洋館出版社）、『道徳科授業のネタ＆アイデア100』小学校編・中学校編（明治図書出版）など多数。

●編集・制作　株式会社スリーシーズン
●写　真　布川航太
●写真協力　消防博物館／公益財団法人日本ユニセフ協会
●取材協力　海上保安庁第一管区海上保安本部／東京消防庁／国際連合広報センター／公益財団法人日本ユニセフ協会／国境なき医師団日本
●表紙イラスト　ヤマネアヤ
●本文イラスト　にしぼりみほこ
●執　筆　江橋儀典／入澤宣幸／加茂直美
●装丁・デザイン　金井 充／伏見 藍（Flamingo Studio,Inc.）

# 個性ハッケン！ 50人が語る長所・短所
## 5．いのちを守る

発　行　2018年9月　第1刷
監　修　田沼 茂紀
発行者　長谷川 均
編　集　松原 智徳
発行所　株式会社　ポプラ社
〒160-8565　東京都新宿区大京町22-1
電話　03-3357-2212（営業）　03-3357-2635（編集）
ホームページ　www.poplar.co.jp
印刷・製本　共同印刷株式会社

ISBN 978-4-591-15985-9　N.D.C.159　48p　27cm　Printed in Japan

# 個性《こせい》ハッケン！

全《ぜん》5巻《かん》

## —50人《にん》が語《かた》る長所《ちょうしょ》・短所《たんしょ》—

監修 田沼茂紀

### ❶ スポーツで輝《かがや》く

プロ野球監督《やきゅうかんとく》、スキージャンプ選手《せんしゅ》、
プロバレーボール選手《せんしゅ》、体操選手《たいそうせんしゅ》 など

### ❷ 未来《みらい》をつくる

ロケット開発者《かいはつしゃ》、ロボットクリエイター、
化学者《かがくしゃ》、実業家《じつぎょうか》 など

### ❸ 人《ひと》を楽《たの》しませる

音楽《おんがく》クリエイター、マンガ家《か》、指揮者《しきしゃ》、
アニメーション監督《かんとく》 など

### ❹ 伝統《でんとう》に生《い》きる

囲碁棋士《いごきし》、女流棋士《じょりゅうきし》、和菓子職人《わがししょくにん》、
杜氏《とうじ》、歌舞伎俳優《かぶきはいゆう》 など

### ❺ いのちを守《まも》る

小児科医師《しょうにかいし》、看護師《かんごし》、元保育士《もとほいくし》、
機動救難士《きどうきゅうなんし》 など

★小学中学年以上向け ★オールカラー
★AB判 ★各48P ★N.D.C.159
★図書館用特別堅牢製本図書